Wetterfest und robust!

Für die Innenseiten dieses Buches haben wir uns etwas Besonderes einfallen lassen. Die Seiten bestehen aus hochwertigem Landkartenpapier, welches mit einer robusten und wasserabweisenden Beschichtung versehen wurde. Somit übersteht es unbeschadet auch mal ein Regenwetter.

Bitte beachten Sie: wetterfest und wasserabweisend bedeutet nicht wasserfest! Die Seiten sind gut gegen Spritzwasser geschützt und kleben, wenn sie feucht werden, nicht aneinander. Dennoch darf das Buch nicht komplett durchnässt werden.

Bitte verwenden Sie bei Dauerregen zusätzlich einen Regenschutz.

Mecklenburgischer Seen-Radweg

Von Lüneburg nach Usedom

Ein original *bikeline*-Radtourenbuch

Esterbauer

bikeline®-Radtourenbuch
Mecklenburgischer Seen-Radweg

A-3751 Rodingersdorf, Hauptstr. 31
Tel.: +43/2983/28982-0, Fax: -500
E-Mail: bikeline@esterbauer.com
www.esterbauer.com
3. überarbeitete Auflage, Sommer 2011
ISBN: 978-3-85000-181-6

Bitte geben Sie bei jeder Korrespondenz die Auflage und die ISBN an!

Umschlagbilder: Umschlag groß: Tourismusverband Mecklenburgische Seenplatte e.V.; Umschlag klein oben: Barbara Wollborn; Umschlag klein unten: Usedom Tourismus GmbH, Christiane Radtke
Bildnachweis: Birgit Albrecht: 36, 44, 48, 50, 56, 66, 68, 70, 72, 76; Barbara Wollborn: 30, 34, 36, 38, 41, 77, 79, 80, 82, 90, 95, 98, 98, 100; Bernhard Mues: 22; Fremdenverkehrsverein Stettiner Haff e. V.: 88; Hansestadt Anklam: 94; Michaela Derferd: 24; Nadine Dittmann: 104, 106; Stadt Lüneburg: 14, 16, 18, 20; Tourismusverband Mecklenburgische Seenplatte e.V., Olaf Nagel: 7; Tourist Information Dömitz/Eike Verlag: 28; Tobias Sauer: 102; Veronika Bock: 96

Dank an alle, die uns bei der Erstellung dieses Buches tatkräftig unterstützt haben siehe S. 119
Das *bikeline*-Team:
Heidi Authried, Beatrix Bauer, Markus Belz, Michael Bernhard, Michael Binder, Veronika Bock, Stefan Diringer, Sandra Eisner, Roland Esterbauer, Gabi Glasstetter, Dagmar Güldenpfennig, Carmen Hager, Tobias Klein, Martina Kreindl, Bettina Müllauer, Eveline Müllauer, Gregor Münch, Karin Neichsner, Niki Nowak, Julia Pelikan, Petra Riss, Christian Schlechte, Erik Schmidt, Mandy Schwalbe, Martina Specht, Matthias Thal, Martin Wischin, Wolfgang Zangerl.

Kartografie erstellt mit axpand
(www.axes-systems.com)

bikeline

Was ist bikeline?

Wir sind ein Team von Redakteuren, Kartografen, Geografen und anderen Mitarbeitern, die allesamt begeisterte Radfahrerinnen und Radfahrer sind. Ins „Rollen" gebracht hat das Projekt 1987 eine Wiener Radinitiative, die begonnen hat Radkarten zu produzieren. Heute tun wir dies als Verlag mit großem Erfolg. Mittlerweile gibt's bikeline® und cycline® Bücher in fünf Sprachen und in vielen Ländern Europas.

Um unsere Bücher immer auf dem letzten Stand zu halten, brauchen wir auch Ihre Hilfe. Schreiben Sie uns, wenn Sie Unstimmigkeiten oder Änderungen in einem unserer Bücher entdeckt haben.

Wir freuen uns auf Ihre Rückmeldung (redaktion@esterbauer.com),

Ihre bikeline-Redaktion

Vorwort

Wälder, Seen und Ruhe – damit ist der Mecklenburgische Seen-Radweg bestens beschrieben. Die unendliche Weite der Mecklenburgischen Seenplatte wirkt beruhigend und erholsam auf die Seele eines jeden Radlers. Hier können Sie auf rund 640 Kilometern viele kleine Naturwunder erleben, Naturschutzgebiete entdecken, seltene Vögel beobachten, Kanufahrten auf den unzähligen Seen unternehmen oder nette kleine Orte und interessante Städte besuchen. Letztendlich erfrischt Sie ein Bad im Meer auf Usedom oder Sie genießen bei einem ausgiebigen Spaziergang einen traumhaften Sonnenuntergang am Ostseestrand.

Präzise Karten, genaue Streckenbeschreibungen, zahlreiche Stadt- und Ortspläne, Hinweise auf das kulturelle und touristische Angebot der Region und ein umfangreiches Übernachtungsverzeichnis – in diesem Buch finden Sie alles, was Sie zu einer Radtour entlang des Mecklenburgischen Seen-Radweges brauchen – außer gutem Radlwetter, das können wir Ihnen nur wünschen.

Kartenlegende

Radrouten

Hauptroute, wenig KFZ-Verkehr

- asphaltiert (main cycle route, low motor traffic)
- nicht asphaltiert (main cycle route, unpaved road)
- schlecht befahrbar (main cycle route, bad surface)

Radweg / Hauptroute, autofrei

- asphaltiert (cycle path, without motor traffic, paved road)
- nicht asphaltiert (cycle path, unpaved road)
- schlecht befahrbar (cycle path, bad surface)

Ausflug od. Variante
(excursion or alternative route, low motor traffic)

- asphaltiert (excursion or alternative route, paved road)
- nicht asphaltiert (excursion, unpaved road)
- schlecht befahrbar (excursion, bad surface)

Ausflug od. Variante, autofrei / Radweg
(excursion or alternative route, without motor traffic /cycle path)

- asphaltiert (excursion or alternative route, paved road)
- nicht asphaltiert (excursion, unpaved road)
- schlecht befahrbar (excursion, bad surface)

- sonstige Radrouten (other cycle routes)
- Radweg in Planung (planned cycle path)
- Radweg gesperrt (closed cycle path)
- Fährverbindung (ferry connection)

KFZ-Verkehr (vehicular traffic)

- Radroute auf mäßig befahrener Straße (cycle route with moderate motor traffic)
- Radroute auf stark befahrener Straße (cycle route with heavy motor traffic)
- Radfahrstreifen (cycle lane)
- mäßig befahrene Straße (road with motor traffic)
- stark befahrene Straße (road with heavy motor traffic)

Steigungen / Entfernungen (gradient / distance)

- starke Steigung (steep gradient, uphill)
- leichte bis mittlere Steigung (light gradient)
- 3,2 Entfernung in Kilometern (distance in km)
  Durch Rundungen können Differenzen zu den tatsächlich gefahrenen Kilometern entstehen.
- Kopfsteinpflaster (cobbled street)
- Tunnel (Tunnel)
- 374 5424 UTM-Gitter (2 km) (UTM-grid)
- Routenverlauf (cycle route direction)
- Stadt- /Ortsplan (city map)
- 5 Wegpunkt (waypoint)

Radinformationen

- Fahrradwerkstatt* (bike workshop*)
- Fahrradvermietung* (bike rental*)
- überdachter Abstellplatz* (covered bike stands*)
- abschließbarer Abstellplatz* (lockable bike stands*)
- Gefahrenstelle (dangerous section)
- Text beachten (read text carefully)
- Treppe* (stairs*)
- Engstelle* (narrow pass, bottleneck*)

Nur in Ortsplänen

- P Parkplatz* (parking lot*)
- P Parkhaus* (garage*)
- Post* (post office*)
- Apotheke* (pharmacy*)
- H Krankenhaus* (hospital*)
- F Feuerwehr* (fire-brigade*)
- Polizei* (police*)
- Theater* (theatre*)

Maßstab 1 : 75. 000

1 cm ≙ 750 m   1 km ≙ 13,3 mm

0 1 2 3 4 5 6 7 8 9 10 11 12 13 14

Wichtige bzw. sehenswerte thematische Informationen

- Schönern sehenswertes Ortsbild (picturesque town)
- Einrichtung im Ort vorhanden (facilities available)
- Hotel, Pension (hotel, guesthouse)
- Jugendherberge (youth hostel)
- Campingplatz (camping site)
- Naturlagerplatz* (simple tent site*)
- Tourist-Information (tourist information)
- Einkaufsmöglichkeit* (shopping facilities*)
- Kiosk* (kiosk*)
- Gasthaus (restaurant)
- Rastplatz* (resting place*)
- Unterstand* (covered stand*)
- Freibad (outdoor swimming pool)
- Hallenbad (indoor swimming pool)
- Kirche, Kloster (church, monastery)
- Schloss, Burg (palace, castle)
- Ruine (ruins)
- Museum (museum)
- Ausgrabungen (excavation)
- andere Sehenswürdigkeit (other place of interest)
- Tierpark (zoo)
- Naturpark, -denkmal (nature reserve, monument)
- Aussichtspunkt (panoramic view)

Topographische Informationen

- Kirche (church)
- Kapelle (chapel)
- Kloster (monastery)
- Schloss, Burg (castle)
- Ruine (ruins)
- Turm (tower)
- Funk- und Fernsehanlage (TV/radio tower)
- Kraftwerk (power station)
- Umspannwerk (transformer)
- Windmühle; Windkraftanlage (windmill; windturbine)
- Wassermühle (water mill)
- Wegkreuz (wayside cross)
- Höhle (cave)
- Bergwerk (mine)
- Leuchtturm (lighthouse)
- Sportplatz (sports field)
- Denkmal (monument)
- Flughafen (airport, airfield)
- Schiffsanleger (boat landing)
- Quelle (natural spring)
- Kläranlage (water treatment plant)

- Staatsgrenze (international border)
- Landesgrenze (country border)
- Kreisgrenze, Bezirksgrenze (district border)
- Wald (forest)
- Felsen (rock, cliff)
- Vernässung (marshy ground)
- Weingarten (vineyard)
- Friedhof (cemetary)
- Gewerbe-, Industriegebiet (commercial area)
- Dünen (dunes)
- Gletscher, Watt (glacier, shallows)
- Damm, Deich (embankment, dyke)
- Staumauer (dam, groyne)
- Autobahn (motorway)
- Hauptstraße (main road)
- untergeordnete Hauptstraße (secondary main road)
- Nebenstraße (minor road)
- Fahrweg (carriageway)
- Fußweg (track)
- Straße in Bau (road under construction)
- Eisenbahn m. Bahnhof (railway with station)
- Schmalspurbahn (narrow gage railway)
- Höhenlinie 100m/50m (contour line)

Inhalt

3 Vorwort
4 Kartenlegende
7 Mecklenburgischer Seen-Radweg
11 Zu diesem Buch

13 Von Lüneburg nach Parchim 178 km
26 Ausflug nach Hitzacker (2 km)

40 Von Parchim nach Neubrandenburg 256,5 km

78 Von Neubrandenburg nach Wolgast 203,5 km
86 Mit der Fähre nach Usedom
110 Übernachtungsverzeichnis
120 Ortsindex

Stadtpläne

Anklam 93
Ludwigslust 34
Lüneburg 15
Mirow 62
Neubrandenburg 77
Neustrelitz 69
Parchim 38
Plau/See 46
Röbel 51
Waren 57
Wesenberg 64
Wolgast 108

Mecklenburgischer Seen-Radweg

Der Seen-Radweg ist seit Jahren eine beliebte Radtour, die von Lüneburg bis nach Usedom führt. Auf dem gut beschilderten Radweg kommen Sie am Ufer der Elbe durch reizvolle Städtchen wie Hitzacker und Dömitz und durchqueren anschließend die wunderbare Landschaft der Mecklenburgischen Seenplatte. Auf der Ferieninsel Usedom geht es dann mit Meeresblick an der Ostseeküste entlang, bevor Sie auf das Festland zurückkehren und in Wolgast die Heimreise antreten.

Radwegbeschilderung

Streckencharakteristik

Länge

Die Gesamtlänge des Mecklenburgischen Seen-Radweges beträgt rund **640 Kilometer**. Die Varianten und Ausflüge haben eine Länge von ca. 110 Kilometern.

Wegequalität & Verkehr

Auf dem Seen-Radweg fahren Sie zum Großteil auf asphaltierten Wirtschaftswegen oder Betonplattenwegen. Es gibt auch ausgebaute Radwege, asphaltiert oder wassergebunden, aber leider auch Sandwege oder Kopfsteinpflasterstraßen, auf denen man kräftig durchgerüttelt wird. Zudem gibt es eine interessante Form von Radstreifen entlang von Kiesstraßen, hier wurde ein schmales Band entlang der Straße asphaltiert, um den Radfahrern offensichtlich bessere Wegverhältnisse zu bieten.

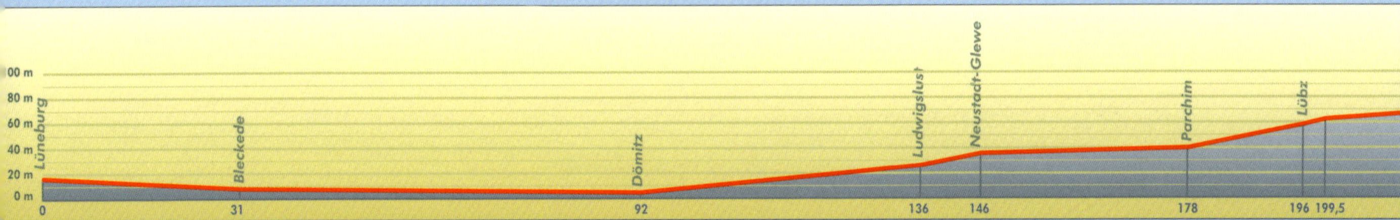

Auf dem Seen-Radweg gibt es nur wenige kurze Abschnitte im Verkehr, wie zum Beispiel über Brücken oder im ersten Abschnitt 3,5 Kilometer auf der Bundesstraße zwischen Neuhaus und Stapel.

Beschilderung

Die Route ist durchgehend beschildert. Die Qualität und Vollständigkeit liegt nicht in unserem Bereich, Anregungen und Beschwerden können wir nur an die zuständigen Tourismusverbände und Kommunen weiterleiten.

Tourenplanung

Zentrale Infostellen

Tourismusverband Mecklenburg-Vorpommern e. V., Platz der Freundschaft 1, ✆ 0381/4030550, Fax: 4030555, www.auf-nach-mv.de

An- & Abreise mit der Bahn

Aufgrund der sich ständig ändernden Preise und Bedingungen für Fahrradtransport bzw. -mitnahme empfehlen wir Ihnen, sich bei nachfolgenden Infostellen über Ihre ganz persönliche Anreise mit der Bahn zu informieren.

Informationsstellen

Reise Service Deutsche Bahn AG: ✆ 01805/996633 (€ 0,14/Min. aus dem Festnetz, Tarif bei Mobilfunk ggf. abweichend), Mo-So 8-20 Uhr, Auskünfte über Zugverbindungen, zur Fahrradmitnahme (Tastenwahl: 15 oder Stichwort: Fahrrad), Fahrpreise im In- und Ausland, Buchung von Tickets und Reservierungen, www.bahn.de, www.bahn.de/bahnundbike

Automatische DB-Fahrplanauskunft: ✆ 0800/1507090 (gebührenfrei aus dem Festnetz), ✆ 0180/5221100 (gebührenpflichtig aus dem Mobilfunknetz, den jeweiligen Tarif erfahren Sie bei Ihrem Netzbetreiber)

ADFC, Allgemeiner Deutscher Fahrrad-Club e.V.: weitere Infos und aufgeschlüsselte Einzelverbindungen unter www.adfc.de/bahn

Usedomer Bäderbahn (UBB); Informationen, Fahrpläne und Tarife ✆ 038378/27132, www.ubb-online.com

Den Ausgangspunkt der Tour – **Lüneburg** – erreichen Sie mit der Bahn ganz einfach mit IC und EC-Zügen sowie mit den Metronom-Zügen von Hamburg, Bremen und Hannover aus.

Von **Wolgast** gelangen Sie mit der Usedomer Bäderbahn nach Züssow und von dort aus mit

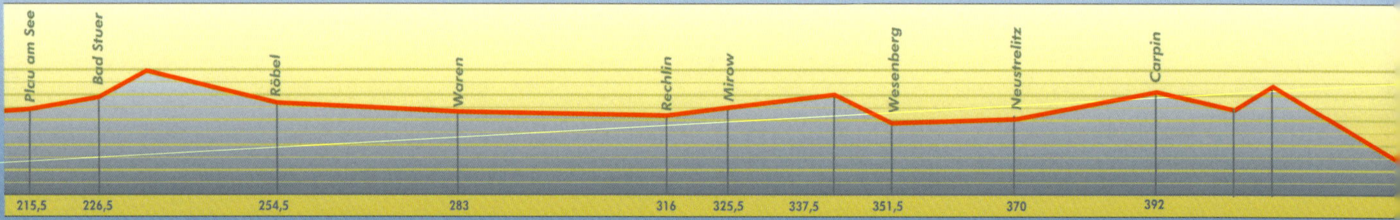

Regionalzügen nach Berlin oder Stralsund. Falls Sie mit einer Gruppe unterwegs sind, bietet die UBB eine 10er Fahrradkarte zu einem ermäßigten Preis an. Von Stralsund aus können Sie dann den IC nach Hamburg nutzen. In den Süden reisen Sie über Berlin und dann mit dem Nachtzug z. B. nach München. Die Züge verlassen den Bahnhof Wolgast-Hafen überwiegend im Stundentakt und die Reisezeit nach Berlin beträgt ca. 3 Stunden, nach Hamburg 5 Stunden und nach München 12 Stunden.

Fahrradtransport

Hermes-Privat-Service:
✆ 0900/1311211 (€ 0,60/Min.)
www.privatpaketservice.de

Unter der Rubrik „Koffer/Fahrradversand" erfahren Sie die genauen Zustellzeiten und die aktuellen Preise für den Fahrradversand.

Übernachtung

Entlang der Route gibt es ausreichend Übernachtungsbetriebe. Das Elbland, die Mecklenburgische Seenplatte und die Insel Usedom sind beliebte Ausflugsziele und können mit jeder Art der Unterkunft aufwarten. Hotels, Pensionen, Privatzimmer und Campingplätze gibt es zur Genüge. Schwieriger wird es nur zu Ferienzeiten und an verlängerten Wochenenden. Zu diesen Zeiten ist es empfehlenswert, das Zimmer schon ein paar Tage im Voraus zu reservieren.
Bei unseren Recherchen haben wir eine größtmögliche Auswahl für Sie zusammengestellt. Für alle, die Alternativen oder einfach noch mehr Anbieter suchen, gibt es nachfolgende Internet-Adressen, die auch Beherbergungen der etwas anderen Art anbieten:

Der ADFC-Dachgeber funktioniert nach dem Gegenseitigkeitsprinzip: Hier bieten Radfreunde anderen Tourenradlern private Schlafplätze an. Mehr darüber unter www.dachgeber.de.

Das **Deutsche Jugendherbergswerk** stellt sich unter www.djh.de mit seinen vierzehn Landesverbänden vor.

Auch die **Naturfreunde** bieten mit ihren **Naturfreundehäusern** eine Alternative zu anderen Beherbergungsarten an, mehr unter www.naturfreunde.de.

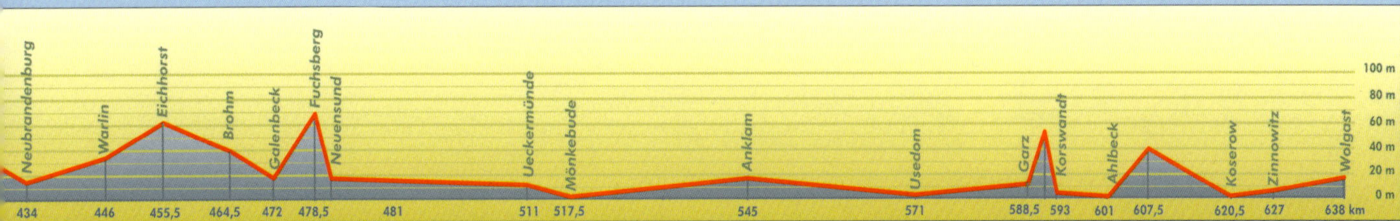

Unter www.camping-in.de oder www.campingplatz.de finden Sie flächendeckend den **Campingplatz** nach Ihrem Geschmack. Weiters bietet **Bett & Bike** unter www.bettundbike.de zusätzliche Informationen zu den beim ADFC gelisteten Beherbergungsbetrieben in ganz Deutschland.

Mit Kindern unterwegs

Die Route ist nur teilweise familienfreundlich, da Teilstücke auf Kopfsteinpflaster oder sandigem Untergrund sehr mühsam zu befahren sind. Es kommen auch einzelne Streckenabschnitte vor, die für Anhänger zu schmal sind. Wenn Ihre Kinder mit dem eigenen Fahrrad unterwegs und nicht mehr ganz klein sind, ist es möglich die ganze Strecke zu bewältigen. Bedenken Sie allerdings, dass vor allem im Bereich zwischen Parchim und Neuensund zahlreiche Steigungen vorkommen, die teilweise sehr anstrengend für die Kinder sein können. Wichtig ist, dass Sie nicht zu viele Kilometer an einem Tag fahren und mehrere Pausen einlegen, um die Kinder nicht zu übermüden – bedenken Sie, die Strecke ist über 600 Kilometer lang.

Radreiseveranstalter

Eurobike, Mühlstr. 20, A-5162 Obertrum am See, ✆ 0043/6219/7444, Fax: 8272, eurobike@eurobike.at, www.eurobike.at

Pedalo, Kickendorf 1a, A-4710 Grieskirchen, ✆ 0800/2400999 (gebührenfrei aus A+D), ansonsten ✆ 0043/7248/635840, info@pedalo.com, www.pedalo.com

Austria Radreisen, J.-Haydn-Str. 8, A-4780 Schärding, ✆ 0043/7712/55110, Fax: 4811, office@ausria-radreisen.at, www.austria-radreisen.at

Mecklenburger Radtour, Zunftstr. 4, D-18437 Stralsund, ✆ 03831-30676-0, Fax: -19, info@mecklenburger-radtour.de, www.mecklenburger-radtour.de

velociped, Alte Kasseler Str. 43, D-35039 Marburg, ✆ 0049/6421/886890, Fax: 8868911, info@velociped.de, www.velociped.de

velotours Touristik, E.-Sachs-Str. 1, D-78467 Konstanz, ✆ 0049/7531/98280, Fax: 982898, info@velotours.de, www.velotours.de

Zu diesem Buch

Dieser Radreiseführer enthält alle Informationen, die Sie für den Radurlaub entlang des Mecklenburgischen Seen-Radweges benötigen: Exakte Karten, eine detaillierte Streckenbeschreibung, ein ausführliches Übernachtungsverzeichnis, Stadt- und Ortspläne und die wichtigsten Informationen zu touristischen Attraktionen und Sehenswürdigkeiten.

Und das alles mit der ***bikeline*-Garantie**: die Routen in unseren Büchern sind von unserem professionellen Redaktionsteam vor Ort auf ihre Fahrradtauglichkeit geprüft worden. Um höchste Aktualität zu gewährleisten, nehmen wir nach der Befahrung Korrekturen von Lesern bzw. offiziellen Stellen bis Redaktionsschluss entgegen, die dann jedoch teilweise nicht mehr an Ort und Stelle verifiziert werden können.

Die Radtour ist nicht in Tagesetappen sondern in logische Abschnitte aufgeteilt, weil die Tagesleistung zu sehr davon abhängt, wie sportlich oder genussvoll Sie die Strecke in Angriff nehmen möchten

Die Karten

Die Detailkarten sind im Maßstab 1 :75.000 erstellt. Dies bedeutet, dass 1 Zentimeter auf der Karte einer Strecke von 750 Metern in der Natur entspricht. Zusätzlich zum genauen Routenverlauf informieren die Karten auch über die Beschaffenheit des Bodenbelages (befestigt oder unbefestigt), Steigungen (leicht oder stark), Entfernungen sowie über kulturelle, touristische und gastronomische Einrichtungen entlang der Strecke.

Allerdings können selbst die genauesten Karten den Blick auf die Wegbeschreibung nicht ersetzen. Komplizierte Stellen werden in der Karte mit diesem Symbol gekennzeichnet, im Text finden Sie das gleiche Zeichen zur Markierung der betreffenden Stelle wieder. Beachten Sie, dass die empfohlene Hauptroute immer in Rot und Violett, Varianten und Ausflüge hingegen in Orange dargestellt sind. Die genaue Bedeutung der einzelnen Symbole wird in der Legende auf den Seiten 4 und 5 erläutert.

Höhen- und Streckenprofil

Das Höhen- und Streckenprofil gibt Ihnen einen grafischen Überblick über die Steigungsverhältnisse, die Länge und die wichtigsten Orte entlang der Radroute. Es können in diesem Überblick nur die markantesten Höhenunterschiede dargestellt werden, jede einzelne kleinere Steigung wird in dieser grafischen Darstellung nicht berücksichtigt. Die Steigungs- und Gefälleverhältnisse entlang der Route finden Sie im Detail mit Hilfe der Steigungspfeile in den genauen Karten.

Der Text

Der Textteil besteht im Wesentlichen aus der genauen Streckenbeschreibung, welche die empfohlene Hauptroute enthält. Stichwortartige Streckeninformationen werden von dem Zeichen ~ begleitet. Manche besonders markante oder wichtige Punkte auf der Strecke sind als Wegpunkte **1**, **2**, **3**, ... durchnummeriert und – zur besseren Orientierung – mit dem selben Symbol in den Karten wieder zu finden. Unterbrochen wird dieser Text gegebenenfalls durch orangefarbige Absätze, die Varianten und Ausflüge behandeln.

Ferner sind alle wichtigen **Orte** zur besseren Orientierung aus dem Text hervorgehoben. Gibt es interessante Sehenswürdigkeiten in einem Ort, so finden Sie unter dem Ortsbalken die jeweiligen Adressen, Telefonnummern und Öffnungszeiten.

Die Beschreibung der einzelnen Orte sowie historisch, kulturell oder naturkundlich interessanter Gegebenheiten entlang der Route tragen zu einem abgerundeten Reiseerlebnis bei. Diese Textblöcke sind kursiv gesetzt und unterscheiden sich dadurch auch optisch von der Streckenbeschreibung.

TIPP Textabschnitte in Violett heben Stellen hervor, an denen Sie Entscheidungen über Ihre weitere Fahrstrecke treffen müssen, z. B. wenn die Streckenführung von der Wegweisung abweicht oder mehrere Varianten zur Auswahl stehen u. ä.

AUSFLUG Sie weisen auch auf Ausflugstipps, interessante Sehenswürdigkeiten oder Freizeitaktivitäten etwas abseits der Route hin.

Übernachtungsverzeichnis

Auf den letzten Seiten dieses Radtourenbuches finden Sie zu fast allen Orten entlang der Strecke eine Vielzahl von Übernachtungsmöglichkeiten vom einfachen Zeltplatz bis zum 5-Sterne-Hotel.

Von Lüneburg nach Parchim 178 km

Die alte Salz- und Hansestadt Lüneburg ist Ausgangspunkt der Tour und beeindruckt mit Kultur und vielen Sehenswürdigkeiten. Ab Bleckede geht es an der Elbe entlang, durch das Naturschutzgebiet Elbtalaue. Im Örtchen Dömitz verabschiedet sich der Seen-Radweg vom Elbstrom und führt ins Landesinnere Mecklenburgs, durch die kleinen schmucken Städte Ludwigslust und Neustadt-Glewe nach Parchim – das Ziel der ersten Etappe.

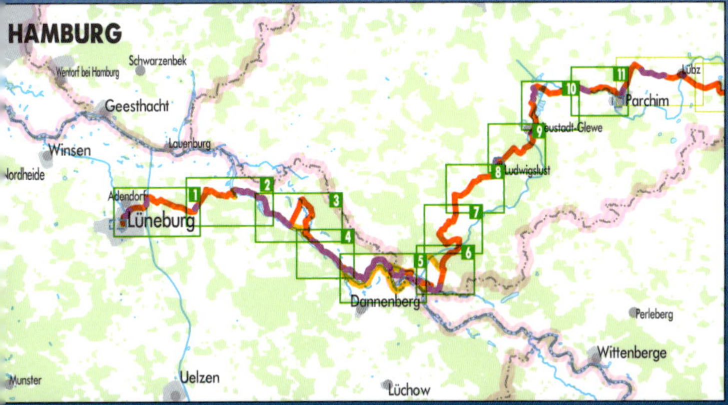

Die Route verläuft zum Großteil auf ausgebauten Radwegen entlang der Elbe, Wirtschaftswegen und ruhigen Landstraßen. Unbefestigte Wegstücke kommen hinter Wehningen, Klein Schmölen und Matzlow-Garwitz vor. Die Strecke ist vom Verkehr fast komplett verschont, nur kurze Teilstücke verlaufen auf befahrenen Straßen, das längste ist 3,5 Kilometer lang und befindet sich hinter Neuhaus. Steigungen kommen nur wenige leichte vor.

Lüneburg

PLZ: 21335; Vorwahl: 04131

- **Tourist-Information**, Rathaus/Am Markt, ✆ 2076620, www.lueneburg.de
- **Schiffsfahrten**, Ausflugsfahrten Elbe-Seitenkanal und Elbe, Adolf Haak ✆ 05852/2110, Reederei Helle ✆ 04153/532848 Erlebnisfahrten durch das Schiffshebewerk Scharnebeck
- **Deutsches Salzmuseum**, Sülfmeisterstr. 1, ✆ 45065, ÖZ: Mai-Sept., Mo-Fr 9-17 Uhr, Sa, So 10-17 Uhr, Okt.-April, Mo-Fr 10-17 Uhr. Das Museum zeigt die Lüneburger „Salzgeschichte". Besucher können beim historischen Salzsieden dabei sein.
- **Brauereimuseum**, Heiligengeiststr. 39-41, ✆ 44804, ÖZ: Di-So 13-16.30 Uhr. Hier nahm das traditionsreiche Kronen-Brauhaus seinen Anfang. Im 16. Jh. gab es in Lüneburg rund 80 Brauereien. Die einzelnen Produktionsschritte für die Bierbrauerei werden hier anschaulich dargestellt.
- **Ostpreußisches Landesmuseum**, Ritterstr. 10, ✆ 759950, ÖZ: tögl. 10-18 Uhr. 700 Jahre ostpreußische Geschichte werden präsentiert, das Spektrum reicht von der einzigartigen Landschaft bis hin zu den bedeutendsten Persönlichkeiten dieser Zeit, etwa Immanuel Kant, Johann Gottfried Herder oder E.T.A. Hoffmann und Siegfried Lenz
- **Rathaus** (Kernbau 1230), ✆ 2076620, ÖZ: Führungen Di-Sa 11, 12.30, 14.30 u. 16 Uhr, So/Fei 11, 14 Uhr. Einlass 15 Minuten vor Führungsbeginn. Eines der größten erhaltenen Rathäuser aus dem Mittelalter, mit Gerichtslaube (1330) und Fürstensaal (15. Jh.). Aus dem Glockenturm mit 41 Glocken aus Meißner Porzellan kann man Melodien des Lüneburger Tondichters J. A. P. Schulz (1747) vernehmen, Komponist von z. B. „Der Mond ist aufgegangen".

Rathaus am Markt

- **Museum für das Fürstentum Lüneburg**, 21335, Wandrahmstr. 10, ✆ 43891, ÖZ: Di-Fr 10-16 Uhr, Sa, So 11-17 Uhr. Hier befindet sich u. a. die Nachbildung der berühmten Ebstorfer Weltkarte aus dem 16. Jh. Schwerpunkte bilden die Bereiche der Ur- und Frühgeschichte, Kunst und kirchliche Kunst sowie die Lüneburger Stadtgeschichte. Umbau bis voraussichtl. 2013!
- **Lüneburger Wasserturm** (1530), Bei der Ratsmühle 19, ✆ 7895919, ÖZ: tägl. 10-18 Uhr. Mit einem Lift kommt der Besucher auf die 56 m hohe Aussichtsplattform, von wo sich ein unvergleichlicher Ausblick auf Lüneburg und seine Umgebung bietet. Auf der Ebene 6 befindet sich die „Wasserwerkstatt".
- **Kloster Lüne** (um 1400), 21337, Am Domänenhof, ✆ 52318, ÖZ: April-15. Okt., Di-So, Führungen von Di-Sa 10.30, 14.30 u. 15.30 Uhr, So/Fei 11.30, 14.30 u. 15.30 Uhr. Nach zwei Bränden in den ursprünglich hölzernen Gebäuden in Backsteinbauweise neu errichtet. Sehenswerte Brunnenhalle mit Handsteinbrunnen, Refektorium mit Wandmalereien. Weiterhin ist hier ein Textilmuseum mit textilen Kostbarkeiten, wie Altar-und Fastentücher, Teppiche, Banklaken, Weißstickereien, etc. aus dem 13. und 14. Jh. untergebracht.
- **St. Johannis-Kirche** (13. Jh.), Am Sande, ✆ 43594 od. 44542, ÖZ: 11-16 Uhr, Do 11-18 Uhr, Fr 11-20 Uhr, Sa 11-18 Uhr, So 11-16 Uhr, Imposante gotische Hallenkirche mit fünf Schiffen. Turmbesteigung auf Anfrage unter ✆ 8983711.
- **St. Michaelis-Kirche** (1376-1434), Johann-Sebastian-Bach-Pl., ✆ 31400, ÖZ: April-Sept., Mo-Sa 10-17 Uhr, So 14-17 Uhr; Okt.-März, Mo-Sa 10-16 Uhr u. So 14-16 Uhr. Wurde als neue Klosterkirche der Benediktiner erbaut.
- **St. Nicolai-Kirche** (15. Jh), Lüner Str., ✆ 2430770, ÖZ: Jan.-März, tägl. 10-16 Uhr, April-Dez., tägl. 10-18 Uhr. Turmbesteigung auf Anfrage unter ✆ 8983711. Gebaut nach Tradition der nordfranzösichen Kathedralen. Der „Schifferkranz" auf der

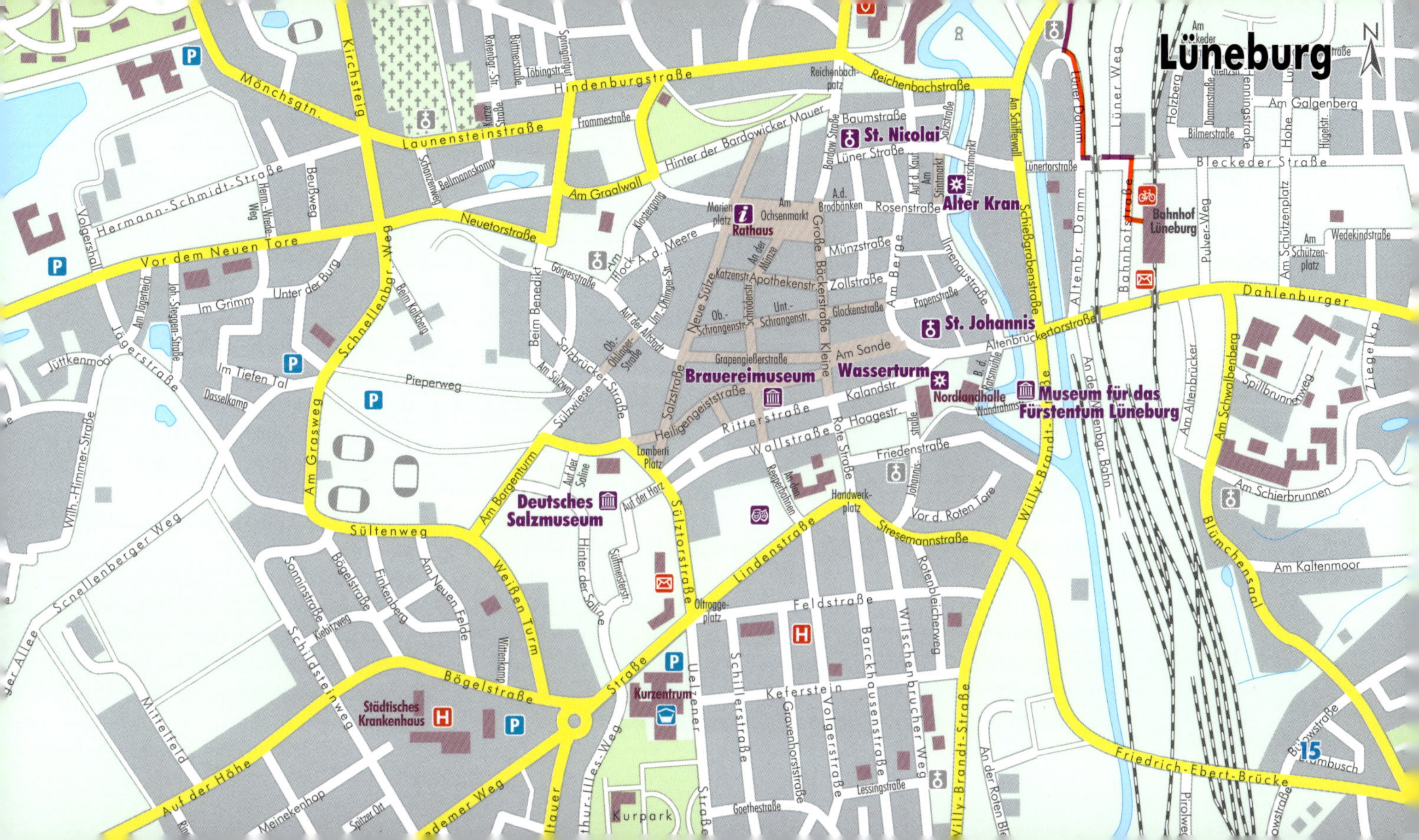
Lüneburg
N
St. Nicolai
Alter Kran
Rathaus
Marienplatz
Am Ochsenmarkt
Bahnhof Lüneburg
St. Johannis
Brauereimuseum
Wasserturm
Nordlandhalle
Museum für das Fürstentum Lüneburg
Deutsches Salzmuseum
Städtisches Krankenhaus
Kurzentrum
Kurpark
Mönchsgtn.
Kirchsteig
Hindenburgstraße
Reichenbachstraße
Reichenbachplatz
Launensteinstraße
Frommestraße
Hinter der Bardowicker Mauer
Baumstraße
Lüner Straße
Bardowicker Straße
Salzstraße
Am Graalwall
Neuetorstraße
Hermann-Schmidt-Straße
Beußweg
Vor dem Neuen Tore
Volgershall
Unter der Burg
Im Grimm
Jüttkenmoor
Jägerstraße
Schnellenberger Weg
Am Grasweg
Pieperweg
Im Tiefen Tal
Dasselkamp
Wilh.-Hümmer-Straße
Schnellenberger Weg
Sültenweg
Am Bergenturm
Weißen Turm
Bögelstraße
Auf der Höhe
Schildsteinweg
Mittelfeld
Sonninstraße
Finkenberg
Am Neuen Felde
Wittenkamp
Meinekenhop
Spitzer Ort
Hinter der Saline
Sülztorstraße
Lindenstraße
Oltroggeplatz
Feldstraße
Uelzener Straße
Keferstein
Schillerstraße
Gravenhorststraße
Volgerstraße
Barckhausenstraße
Wilschenbrucher Weg
Rotenbleicherweg
Lessingstraße
Goethestraße
Willy-Brandt-Straße
Stresemannstraße
Handwerkplatz
Vor d. Roten Tore
Friedenstraße
Wallstraße
Ritterstraße
Haagestr.
Rote Straße
Heiligengeiststraße
Lamberti Platz
Auf der Saline
Auf der Hütz
Grapengießerstraße
Am Sande
Kalandstr.
Glockenstraße
Zollstraße
Apothekenstr.
Katzenstr.
Münzstraße
Rosenstraße
Große Bäckerstraße
Kleine Bäckerstraße
Neue Sülze
Salzstraße
Am Berge
Ilmenaustraße
Papenstraße
Altenbrückertorstraße
Schießgrabenstraße
Am Schifferwall
Lünertorstraße
Bleckeder Straße
Am Galgenberg
Bilmerstraße
Lüner Weg
Lüner Damm
Holzberg
Dammstraße
Henningstraße
Altenbr. Damm
Bahnhofstraße
Pulverweg
Am Schützenplatz
Wedekindstraße
Dahlenburger
Am Altenbrücker
Am Schwalbenberg
Spillbrunnenweg
Am Schierbrunnen
Blümchensaal
Am Kaltenmoor
Friedrich-Ebert-Brücke
Bülowstraße
Gorgesstraße
Beim Benedikt
Salzbrücker Straße
Sülzwiese
Am Sülzwall
Auf der Altstadt
Ob.-Ohlinger-Straße
Klosterstraße
Beim Kalkberg
Schanzenweg
Bellmannskamp
Tobingstr.
Rotenbg.-St.
Bütlinerstraße
Springintgut
Reitende-Diener-Str.
Wandrahmstr.
Kiebitzweg
Bögelstraße
Sültmeisterstr.

Turmspitze zeigte im Mittelalter, dass sich hier ein religiöses Zentrum der Schiffer befindet.

- **Lüner Mühle** (14. Jh), Bei der Lüner Mühle. Die Mühle beherbergt heute eine Gaststätte.
- **Abtsmühle Lüneburg** (1147). Der Wasserturm der Mühle stammt aus dem Jahre 1530. In der Mühle befindet sich heute ein Hotel.
- **Ratsmühle Lüneburg** (1319)
- **Kalkberg.** 133 Stufen führen auf den einst 70 m hohen Berg. Infolge des jahrhundertelangen Gipsabbaus hat er heute nur noch 1/16 seines Umfangs und ist auch nur mehr 60 m hoch. Der hier errichtete Obelisk erinnert an die Kalkbergkommandanten, die hier in der sich bis 1783 befindlichen Garnisonskirche begraben wurden. Vom Kalkberg bietet sich ein herrlicher Rundblick über Lüneburg.
- **„Der Alte Kran"**, Am Fischmarkt, Lüneburgs Wahrzeichen. Die beiden hölzernen Laufräder im Inneren, die von Kaufhausbediensteten betrieben wurden, haben einen Durchmesser von je 5 m. Damit wurden bis 1860 Lasten gehoben.
- **„Heide-Express"**, Oldtimerzug, ✆ 04132/920919.

Wasserturm

- **Salztherme Lüneburg**, Uelzener Str. 1-5, ✆ 723110, ÖZ: Mo-Sa 10-23 Uhr, So/Fei 8-21 Uhr. Freizeitbad mit Sole-Wellenbad, -Außenbecken, Riesenrutsche, Solarien, Saunalandschaft und großem Kinderbereich.
- **Fahrradverleih „RadSpeicher"**, Am Bahnhof, ✆ 266350.
- **CityCycles**, Rote Str. 4, ✆ 45334
- **Radhaus**, Neue Sülze 23, ✆ 42461

Im Jahre 956, als „Luniburc" erstmals urkundlich erwähnt wird, gibt es bereits die Burg, das Kloster St. Michaelis auf dem Kalkberg und die Saline. Um diese drei Kerne herum entwickelt sich im 13. Jahrhundert unter Einbeziehung der alten dörflichen Siedlung „Modestorpe" die Stadt Lüneburg.

Als Produktionsstätte des Gutes Salz erhält Lüneburg besondere Bedeutung und besonderes Gewicht in der Hanse, vor allem in Beziehung zum Hafen des „Hauptes der Hanse" Lübeck und als Mittlerin zwischen sächsischem und wendischem Quartier der Hanse. Der Prälatenkrieg in der Mitte des 15. Jahrhunderts bringt die Stadt in schwere Bedrängnis, bevor in der 2. Hälfte eine wirtschaftliche und politische Blüte einsetzt.

Um 1600 zählt Lüneburg mit etwa 14.000 Einwohnern zu den Großstädten Deutschlands. Danach findet das wirtschaftliche Gedeihen im Rahmen der Hanse ein Ende. Im 18. Jahrhundert beschleunigt sich der politische und ökonomische Niedergang der Stadt.

Um 1820 erhält die Saline mit dem Solebad einen neuen Betriebszweig. 1847 erfolgt der Anschluss an das Eisenbahnnetz und die ersten Industriebetriebe entstehen. Im 20. Jahrhundert bekommt Lüneburg als Standort von Bildungseinrichtungen neue Bedeutung. 1980 endet die mehr als 1000-jährige Geschichte der Saline, doch die Sole wird in dem 1973 gegründeten Kurzentrum weiterhin genutzt. 1976 entsteht am Elbe-Seiten-Kanal ein neuer Hafen samt Industriegebiet.

Durch die Verkleinerung des Bundeswehrstandortes wurden freiwerdende Kasernen mit

Lüneburger Stintmarkt

Neubauten zu einem exemplarischen Universitäts-Campus ausgetauscht.

Wie kam Lüneburg zum Salz oder was hat das Lüneburger Salz mit einer Wildsau zu tun?

Eine alte Sage erzählt, wie in Lüneburg das Salz entdeckt wurde: Vor mehr als tausend Jahren, als noch lichte Wälder die Gegend von Lüneburg bedeckten, trug es sich zu, dass Jäger der Spur eines Wildschweines folgten, die durch das sumpfige Gelände der Ilmenauniederung führte.

Es währte nicht lange, da wurden die Jäger des Tieres ansichtig und konnten es schließlich auch erlegen. Als sie ihre Beute näher untersuchten, um sie zu zerlegen, sahen sie mit Erstaunen, dass das Fell des Wildschweines mit weißen Körnchen bedeckt war. Neugierig probierten die Jäger den Borstenbelag und stellten erfreut fest, dass es sich um kostbares Salz handelte.

Sie hatten schon beobachtet, wie sich Wildschweine in sumpfigen Stellen gewälzt hatten und machten sich nun voll Eifer auf die Suche nach der Suhle des erjagten Tieres, indem sie seine Spur zurückverfolgten.

Schließlich stießen sie auf einen Tümpel, der kein gewöhnliches Wasser enthielt, sondern dessen Inhalt wie die Körnchen auf den Fellborsten des Wildschweines schmeckten.

Alter Kran aim Wasserviertel

In vielen, vielen Jahren ist aus dieser Entdeckung das Lüneburger Salzwerk entstanden, dem die Stadt über lange Zeit großen Wohlstand verdankte. Genauso lange behielten die Lüneburger Bürger das Wildschwein in Erinnerung, dessen Tod zum Auffinden der Solquelle geführt hatte.

Sie ehrten sein Andenken, indem sie einen Schulterknochen des Tieres im Rathaus aufbewahrten und später sogar in einem Glaskasten den Gästen des Rates und anderen Besuchern präsentierten. Noch heute kann man den Knochen in der Alten Kanzlei des Rathauses bewundern.

So zeigte eine wilde Sau den Lüneburgern eine Quelle unerschöpflichen Reichtums – Schwein gehabt!

ANSCHLUSS Durch Lüneburg verläuft auch die attraktive Radroute entlang der Lüneburger Heide und der Weser-Harz-Heide-Radweg.

Von Lüneburg nach Bleckede 31 km

Radler in der Innenstadt

1 Beginn der Radreise durch die **Lüneburger Heide** ist am Bahnhof Lüneburg ~ direkt vor dem Bahnhof nach rechts ~ drei Schilder: eines für den **Mecklenburgischen Seenradweg,** eines für den **Radrundweg Elbetour** Richtung Scharnebeck und eines für den **Radfernweg Alte Salzstraße** Richtung Lauenburg ~ beim Blumengeschäft rechts ~ dem Radschild Richtung Scharnebeck folgen ~ an der Kreuzung mit der **Lünertorstraße** links auf den Radstreifen. Unter der Eisenbahnunterführung hindurch ~ danach gleich wieder rechts in den **Lüner Damm** ~ am Ende des Deiches führt ein Radweg rechts hinauf, hier sind wieder alle drei Schilder der schon erwähnten Radtouren ~ der Radweg ist asphaltiert und führt neben der Eisenbahn entlang ~ zur Linken verläuft die **Bockelmannstraße** ~ nach ca. 600 m unter der Eisenbahnbrücke hindurch ~ hier endet der Radweg ~ beim **Kloster Lüne** auf eine gepflasterte Straße ~ nun dem Straßenverlauf nach links folgen ~ hinter dem Gasthof befindet sich das **Kloster Lüne.**

Der Radweg führt geradeaus weiter bis zur Vorfahrtsstraße ~ hier links weiterhin dem Radschild Richtung Scharnebeck folgend ~ vor bis zur Ampelkreuzung mit der **L 220** ~ über die Straße geradeaus, leicht links versetzt ~ Richtung Scharnebeck wie für den Elbe-Radrundweg beschildert ~ bei dem kleinen Müllplatz geradeaus in den Wald hinein ~ der unbefestigte Weg ist nur für forstwirtschaftlichen Verkehr und Radfahrer frei ~ eine Schranke umfahren und nach einem kurzen Stück auf Asphalt weiter ~ ein Schild weist nach rechts auf den unbefestigten Weg ~ es geht leicht bergauf durch das **Lüner Holz** ~ mehrere Wege kreuzen, immer geradeaus ~ an der Weggabelung links ~ auf der Brücke über die **B4.**

Danach ist der Weg wieder unbefestigt und führt weiterhin durch den Forst ~ an der nächsten Gabelung rechts dem Schild folgend ~ um den Absperrungspfosten herum und beim Restaurant wieder aus dem **Lüner Holz** heraus.

Adendorf

Erstmals urkundlich erwähnt wurde die Ortschaft bereits im Jahre 1004 als Stiftung des Klosters Kemnade. Dreimal brannte die Stadt im Laufe ihrer Geschichte ab und über lange Zeit bildete das Rittergut den Mittelpunkt der Ortschaft.

2 Auf dem Parkplatz geradeaus auf dem rotgepflasterten Weg, dann rechts in den

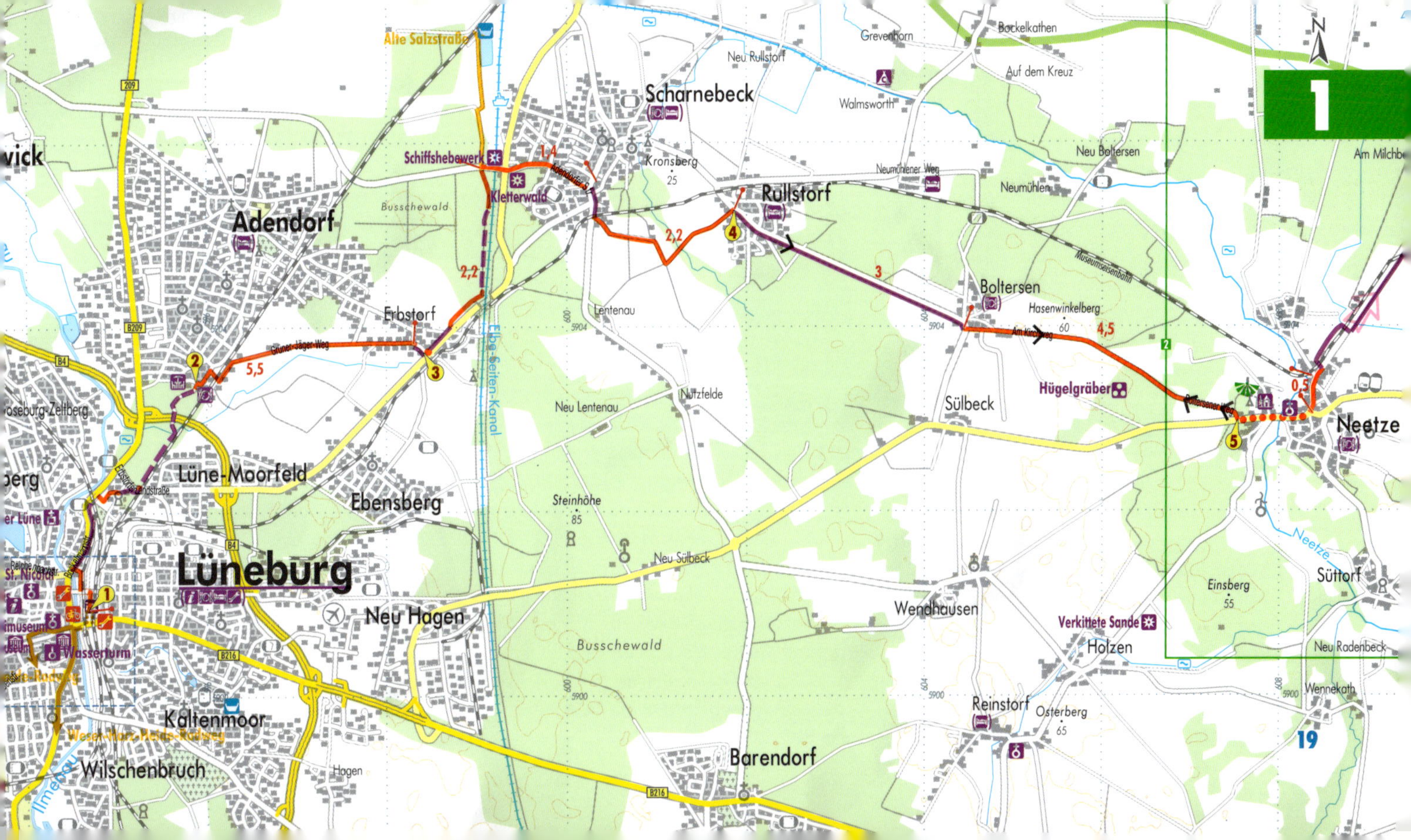
1
Alte Salzstraße
Scharnebeck
Grevenhorn
Bockelkathen
Neu Rullstorf
Walmsworth
Auf dem Kreuz
Kronsberg
25
Schiffshebewerk
Kletterwald
Busschewald
Adendorf
Rullstorf
Neumühlener Weg
Neumühlen
Neu Boltersen
Am Milchbe
Boltersen
Hasenwinkelberg
60
Am Kirchweg
Museumseisenbahn
Erbstorf
Grüner-Jäger-Weg
Lentenau
Neu Lentenau
Nutzfelde
Sülbeck
Hügelgräber
Boltersener Weg
Neetze
Elbe-Seiten-Kanal
Lüne-Moorfeld
Ebensberg
Steinhöhe
85
Neu Sülbeck
Lüneburg
Neu Hagen
Wendhausen
Einsberg
55
Süttorf
Verkittete Sande
Holzen
Neu Radenbeck
Busschewald
Kaltenmoor
Wilschenbruch
Hagen
Reinstorf
Osterberg
65
Wennekath
Barendorf
Wasserturm
St. Nicolai
Wesel-Harz-Heide-Radweg
Ilmenau
Neetze
B209
B4
B216
209
1,4
2,2
2,2
5,5
3
4,5
0,5
1
2
3
4
5

Schwarzen Weg und weiter rechts Richtung Scharnebeck in den **Grünen Jägerweg** ⟿ die Bahn überqueren, dann rechts neben der Bahn auf Asphalt weiter ⟿ in einem Rechtsbogen von der Bahn weg ⟿ in einer Allee durch die wunderschöne Heidelandschaft ⟿ nach 2,5 km auf dem **Grünen Jägerweg** nach Erbstorf.

Erbstorf

An der Vorfahrtsstraße rechts abbiegen ⟿ es gibt auf der rechten Seite der **Dorfstraße** einen Fußweg, der auch für Radler frei ist ⟿ den Radschildern Richtung Scharnebeck folgen ⟿ **3** an der **L 220** auf den linksseitigen Radweg ⟿ Erbstorf auf dem Radweg verlassen ⟿ vor dem Elbe-Seitenkanal links und dem Kanal folgen ⟿ nach rechts über die Brücke ⟿ folgen Sie dem Weg weiter nach Scharnebeck.

Schiffshebewerk Scharnebeck

Scharnebeck

PLZ: 21379; Vorwahl: 04136

Tourist Info, ✆ 90721

St. Marien (1253), von der ehem. Klosterkirche sind Reste des Chorgestühls im Altarraum erhalten geblieben

Schiffshebewerk Scharnebeck. Eines der größten Doppel-Senkrecht-Schiffshebewerke der Welt kann Frachtschiffe in eine Höhe von 38 m heben. Das ist notwendig um die Höhenschwelle zwischen Elbmarsch und Geest zu überwinden. Ausstellungshalle, ✆ 91262931, ÖZ: 15. März-Okt. tägl. 10-18 Uhr, Hebevorgang mit Fahrgastschiff möglich.

Kletterwald Scharnebeck, Adendorfer Str. 31, ✆ 04133/222522

Naturbadesee Inselsee bei Scharnbeck

Bereits im 13. Jahrhundert bauten die Zisterzienser in Scharnebeck ihr Kloster mit einer großen Kirche. Sie stauten den Sauerbach zu Teichen, um Fische züchten zu können. Am Ufer dieses Baches pflanzten die Mönche vor beinahe 800 Jahren eine Eiche. Obwohl sie 1996 vom Blitz getroffen und gespalten wurde, treibt sie noch heute Laub. Von dem alten Kloster und seiner Kirche sind Teile des Kreuzganges und zwei Granitschalen erhalten, die von rituellen Waschungen zeugen. Nach Abriss der Klosterkirche wurde eine neue Kirche errichtet, die Teile der alten Mauern enthält.

Die Siedlungsspuren auf dem Kronsberg, östlich des Ortes, reichen sogar 5.000 Jahre zurück. Außerdem wurde auf dem Kronsberg ein sächsisches Gräberfeld aus dem 7. und 8. Jahrhundert entdeckt, im frühen Mittelalter waren die Sachsen und die Langobarden über das gesamte Gebiet zwischen Elbe und Weser verbreitet. Die Grabungsstätten lieferten sensationelle Funde, Forscher fanden Hengste, Hunde und einen Hirsch als Grabbeigaben. Außerdem wurden auch wertvoller Schmuck, Urnen und andere Keramikstücke gefunden. Neben den menschlichen Körper- und Brandgräbern konnte man hier auch 40 Pferdebestattungen nachweisen. In Bezug auf die Anzahl der Pferdeskelette ist dieses Gräberfeld eines der größten in ganz Europa. Durch

2
Karze
Rosenthal
Garze
Elbe
Elbe-Radweg
Neu Wendischthun
Europa-Radweg Eiserner Vorhang
Grenzturm
Neu Bleckede
Bleckedermoor
Biosphaerium Elbtalaue
Krusendo
Neu Neetze
Am Milchberg
Stiepelse
Bios
Lärchenberg
Weißer Berg
Bleckede
Sandbergen
Garger Berge
Neu Garge
Alt Garge
Neu Süttorf
Hauberg
Draisinentour
Findlingsgarten
Breetze
Nindorf
Neetze
Brummelberg
Telegraphenberg
Viehle
Runder Berg
Wennenberg
Göddingen
Jägerberg
Viehler Berge
Barskamp
Süttorf
Staatsforst Bleckede
Neu Radenbeck
Sumter Kanal
L221
L223
L231
B195

gezielte Untersuchungen konnte man herausfinden, dass die in den Gräbern gefundenen Pferde allesamt reittauglich waren. Züchtung im heutigen Sinn konnte nicht bewiesen werden. Andererseits konnte man auf Grund genauer Untersuchungen feststellen, dass bereits damals Kenntnisse existiert haben, die auch in der heutigen Pferdezucht noch zu den wichtigsten Kriterien gehören. Die Widerristhöhen (Schulterhöhen) der Pferde im slawischen Raum dürften, wenn man von den in den Gräbern geopferten Individuen ausgeht, zwischen 132 und 148 Zentimeter gelegen haben, durchschnittlich etwas kleiner also als die heutigen Pferde. Die Sachsen waren Heiden, so kann man sich die Bestattungssitten mit Pferden als Grabbeigaben erklären.

An der Kreuzung rechts in die **Hauptstraße** ⤳ nach dem Bahnübergang links in die **Raiffeisenstraße** ⤳ der Rechtskurve folgen ⤳ links auf den **Stadtweg** nach Rullstorf.

Rullstorf

4 An der **Boltersener Straße** rechts, und weiter nach Boltersen ⤳ die Straße ist leicht hügelig.

An der Elbe

Boltersen

Den Radschildern Richtung Bleckede nach ⤳ von der **Rullstorfer Straße** links in die Straße **Am Kirchweg** ⤳ dem Verlauf des Wirtschaftsweges folgen ⤳ es geht leicht bergauf auf den **Hasenwinkelberg** mit 60 Metern Gipfelhöhe ⤳ leicht bergab am Waldrand entlang und in den Ort hinein.

Neetze

5 An der **L 221** links weiter auf der **Lüneburger Landstraße** ⤳ dem weißen Schild mit dem türkisen Rad in die Straße **Am Kamp** folgen ⤳ an der **Bahnhofstraße** links ⤳ auf der linken Straßenseite gibt es einen Rad- und Fußweg, der nach ca. 500 m auf die rechte Seite wechselt ⤳ zur Rechten liegt die **Bockelheide** und offenbart eine wunderbare Aussicht.

Über die Bahnlinie weiter auf dem Radweg rechts neben der K 5, der **Karzer Straße** ⤳ den Schildern folgend nach rechts in den **Zweiten Moorweg** Richtung **Bleckeder Moor** ⤳ in Bleckeder Moor geht's links weiter ⤳ dem Radschild Elbe-Radrundweg folgen ⤳ **6** an der Querstraße **Heidmoor** rechts Richtung Bleckede ⤳ auf dem schmalen asphaltierten Wirtschaftsweg rechts an den Wochenendhäusern vorbei ⤳ dem Verlauf des Weges **Heidmoor** folgen ⤳ der Weg führt in den Wald ⤳ nach ca. 1 km über die Bahn ⤳ weiter schnurgerade und eben durch die Heide ⤳ 500 m hinter der Bahn dem Radschild folgend links Richtung Bleckede.

Geradeaus auf der Straße **Am Töpferdamm** ⤳ über die Bahn ⤳ an der Vorfahrtsstraße rechts durch das Zentrum der Stadt.

Bleckede

PLZ: 21354; Vorwahl: 05852

3
Biosphärenreservat
Flusslandschaft Elbe
Naturpark Elbufer-Drawehn
Sumte
Rosengarten
Amt-Neuhaus
Lüneburger Str.
B195
Lärchenberg
Neu Garge
Viehle
Gülstorf
Haar
Krainke
Stapel
EXPO-Scheune
Konau
Popelau
Darchau
Groß Kühren
Walmsburg
Elbe
Katemin
Staatschenberge
Neu Darchau
Klein Kühren
Glienitz
Vockfey
Pommau
Großer See
Fuchsberg
Zeetzer Berge
Zeetze
Zeetzer See
Stixer Wanderdüne
Stixe
Stixer Berge
Köhlingen
Neetzberg
Quarstedt
Weißer Berg
Quarstedter Weg
L231
L232
Simmergraben
Laaver Graben
2,2
4,7
5,5
4
3,4
5,7
2,8
8
9
10
23

Tourist-Information, Schlossstr. 10, ✆ 9514-0

Fährverbindung nach Neu Bleckede, ✆ 2255, ÖZ: Mai-Sept., Mo-Sa 5-23 Uhr, So/Fei 9-21.30 Uhr, Okt.-April, So/Fei nur bis 21 Uhr.

Elbschloss Bleckede, Schlossstr. 10, ✆ 95140, ÖZ: April-Okt., Do-So 10-18 Uhr, Nov.-März, Mi-So 10-17 Uhr, Führungen n. V. Zentrales Informations- und Besucherzentrum der Elbtalaue mit großer Ausstellungsfläche für die Präsentation der Flusslandschaft Elbe. Vom Schlossturm haben Sie eine wunderbare Aussicht über die Elbe, im Aquarium können Sie die Unterwasserwelt des Flusses erleben und die Storchen-Live-Kamera lässt Sie das Leben der Störche mitverfolgen. Zahlreiche kulturelle Veranstaltungen finden im Schlosshof statt. Die Umweltwerkstatt bietet sehr kreative Aktivitäten für die Kleinen zu verschiedenen Themen.

Waldlehrpfad, Auskünfte: Hof Bleckeder Moor, Lüneburger Str, ✆ 9770

Naturkundliche Führungen, ElbSchloss Bleckede, Schlossstr. 10, ✆ 9514-0

Freibad Bleckede, Am Waldbad 5, ✆ 05854/334, ÖZ: Mo 13.30-19.30, Di-Fr 9.30-19.30 Uhr, Sa, So 8.30-19.30 Uhr

Webers Fahrradshop, Breite Str. 6, ✆ 1272

ANSCHLUSS Der Elbe-Radweg führt ebenfalls hier entlang. Sie könnten bis nach Cuxhaven radeln.

Von Bleckede nach Dömitz 61,5 km

An der Kreuzung mit der **L 221** links Richtung Fähre ~ dem Straßenverlauf bis zum Fährhaus folgen und mit der Fähre an das andere Ufer übersetzen.

TIPP Bis nach Dömitz führt der Mecklenburgische Seen-Radweg auf der gleichen Trasse wie der Elbe-Radweg.

Am anderen Ufer anfangs geradeaus ~ es folgt ein Rechtsbogen ~ **7** im Linksbogen auf den Deich ~ nach 5,5 Kilometern erreichen Sie Stiepelse.

Stiepelse

Nach dem Ort verläuft der Radweg weiter auf dem Deich neben der Elbe ~ ca. 2 km hinter Stiepelse kommen Sie nach Neu Garge.

Neu Garge

8 An der Kreuzung bei **Viehle** weiter auf dem Deich nach Konau.

Konau

EXPO-Scheune, ✆ 038841/20747. Ausstellung zur Deutsch-Deutschen Geschichte und grenzhistorischer Rundgang.

ehemaliger **Grenzwachturm** der DDR

Konau ist eines der wenigen Elbedörfer, das die einst typische Siedlungsform an der Elbe als Marschhufendorf erhalten hat. Seit 1994 steht das Dorf unter Denkmalschutz, war Expo-Projekt 2000 und ist mit seinen wunderschön hergerichteten Fachwerkhäusern mit Reetdächern ein Kleinod in der Elbtallandschaft.

An den ersten Häusern rechts auf dem asphaltierten Deich weiterradeln ~ vorbei an **Popelau** ~ Sie kommen direkt bei der Fähre in Darchau an.

Darchau

- **Fähre Darchau-Neu Darchau,** ✆ 05853/1322, ÖZ: Mo-Sa 5-21 Uhr, So/Fei 9-21 Uhr
- **Cafe Rautenkranz,** Am Fähranleger Darchau, ✆ 20781

TIPP Sie können auch der Beschilderung des Elbe-Radwegs geradeaus weiter folgen und auf dem Deich entlang die Schleife über Neuhaus abkürzen.

9 Jetzt links halten Richtung Neuhaus ~ dem Straßenverlauf durch **Haar** hindurch folgen ~ in Neuhaus an der Vorfahrtsstraße rechts, links geht es ins Zentrum.

Neuhaus

PLZ: 19273; Vorwahl: 038841

- **Touristinfo im Haus des Gastes,** Am Markt 5, ✆ 20747
- **Heimatmuseum der Gemeinde Amt Neuhaus,** Rosengartenweg 4, ✆ 20747, ÖZ: 1. So im Monat u. n. V. Seit 1965 werden in der Ortschaft Funde aus der Vergangenheit gesammelt. In der Hauptsammlung kann man archäologische Funde wie zum Beispiel Urnen und Geräte aus dem bäuerlichen und hauswirtschaftlichen Leben betrachten. Daneben gibt es auch immer wieder Sondersammlungen, die sich genauer mit einem bestimmten Ausschnitt der Vergangenheit beschäftigen.

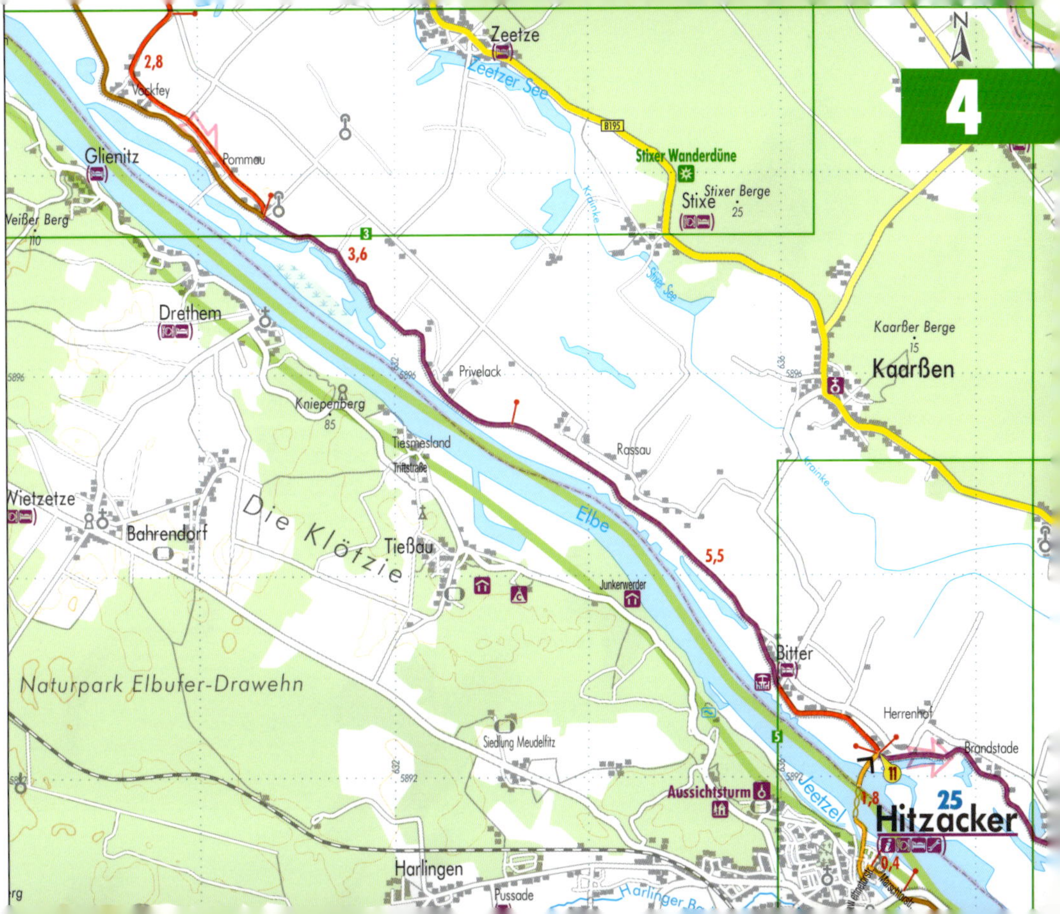

- **Haus des Gastes.** Das Haus wurde von 1731-34 erbaut. Heute steht das Haus, das im Stil der spätbarocken Herrenhäuser errichtet wurde, unter Denkmalschutz.
- **Statue Germania.** Die Statue wurde 1881 zum Gedenken an zehn im deutsch-französischen Krieg Gefallene aufgestellt. Allerdings bekam die Statue zu wenig Beachtung geschenkt, so bemerkte niemand die Beschädigungen, die die Zeit an der Statue hinterließ. 1984 fiel die Figur vom Sockel und wurde stark beschädigt. Erst 10 Jahre später wurde sie wieder aufgefunden, die Restaurierungsarbeiten begannen 1998 und wurden 14 Monate später abgeschlossen.
- **Göldners Fahrradladen,** Poststr.13, ✆ 21137

Neuhaus befindet sich im Urstromtal der Elbe, dieses Gebiet wurde durch die Eiszeiten geformt. Die Geschichte des Ortes lässt sich bis ins 14. Jahrhundert zurückverfolgen. Der Name Neuhaus stammt von der Wasserburg „dat nye hus". 1689 starb das Herzoghaus von Lauenburg aus, danach kam Neuhaus an Lüneburg und Hannover.

Auf dem straßenbegleitenden Radweg entlang der B 195, der **Lüneburger Straße**, der Beschilderung Richtung Dömitz folgen ~ 4 km bis Stapel.

Stapel

PLZ: 19273; Vorwahl: 038841

- **Backsteinkirche.** Diese ist die älteste Kirche des Gemeindegebietes, die erste urkundliche Erwähnung geht auf das Jahr 1291 zurück. Die Wehrkirche mit den meterdicken Mauern besitzt einen sehenswerten Barockaltar.

10 An der Kreuzung direkt bei der Kirche rechts Richtung Vockfey ~ auf der **Vockfeyer Straße** aus Stapel hinaus ~ der **Hof Groß Banratz** wird passiert ~ bis Vockfey dem Straßenverlauf folgen.

Vockfey

Im Ort rechts auf den Elbdeich und weiter flußaufwärts durch Pommau nach **Privelack** radeln ~ weiterhin auf dem Deich durch **Rassau** und **Bitter** nach Herrenhof fahren.

Herrenhof

- **Rad- und Personenfähre Herrenhof-Hitzacker,** ✆ 0160/5960668, ÖZ: 1. April-15. Okt., Mo-So 9-18 Uhr u. n. V.

AUSFLUG Sie können hier auf die andere Uferseite wechseln, und das sehenswerte Hitzacker besuchen.

Ausflug nach Hitzacker 2 km

Hitzacker/ Elbe

PLZ: 29456; Vorwahl: 05862

- **Tourist-Information,** Am Markt 7, ✆ 96970
- **Elbrundfahrten,** Frau Paulin, Bahnhofstr. 6, ✆ 0171/3626000 od. ✆ 7791
- **Rundfahrten** auf dem ehem. Zollboot Hitzacker, Auskünfte bei der Tourist-Information.
- **Archäologisches Zentrum Hitzacker,** Am Hitzacker See, ✆ 6794, ÖZ: April, Okt., Di-Fr 10-16 Uhr, Sa, So/Fei 10-18 Uhr, Mai-Sept., Di-So 10-18 Uhr.
- **Das Museum im Alten Zollhaus,** Zollstr. 2, ✆ 8838. ÖZ: Di-Fr 10-17 Uhr, Sa, So/Fei 10-17 Uhr u. n. V.
- **St. Johannis** (13. Jh.), die bemalten Glasfenster wurden nach dem Ersten Weltkrieg von Hitzackers Bürgern in Auftrag gegeben.
- Die **Historische Altstadt** liegt auf der vom Fluss Jeetzel umflossenen Stadtinsel.

5
Tripkau
Pinnau
B195
Park der Sinne
Heidhof
Wehningen
Leitgraben
Bohnenburg
4,5
3
4,7
12
Neue Löcknitz
B191
Herrenhof
Brandstade
11
Laake
Wilkenstorf
Jasebeck
Rüterberg
1,8
Hitzacker
Raffatz
7,5
Heimatstube
0,8
1,8
Landsatz
3,5
(Spurplatte)
0,4
4,5
Barnitz
Aussichtsturm
Elde-Seitenkanal
Strachau
1
Festung Dömitz
Archäologisches Zentrum
Hitzacker See
1,8
Strachauer Rad
Elbe
2,5
13
Dömitz
1
Jeetzel
Penkefitz
4,5
Damnatz
Wusseegel
Kaltenhof
Elbe-Radweg, Lüneburger Heide-Radweg
Europa-Radweg Eiserner Vorhang
Nienwedel
Biosphärenreservat
Seerau
Grabau
Gümser Schleusengraben
3,5
Kamerun
Brandleben
Predöhlsau
Seedorf
Hauptabzugsgraben
Elbe-Radweg
Kähmen
Dambeck
Sipnitz
Gümse
Pisselberg
Quickborn
Kacherien
Streetz
Breese in der Marsch
27

- Hochseilgarten, Infos unter ✆ 9770 und ✆ 959100, Klettern in luftigen Höhen.
- **Aussichtsturm** Klötzie
- Auf dem **Weinberg** wurde seit 1528 Wein angebaut, bis im Jahr 1713 ein Hagelsturm alle Weinstöcke vernichtete. Seit 1983 wird diese alte Tradition am nördlichsten Weinberg Deutschlands fortgeführt.
- **Freibad Hitzacker**, Hiddo-Bad, Am Markt 7, ✆ 96043. ÖZ: Mai-Sept., Mo-Fr 10-20 Uhr, Sa, So 9.30-19 Uhr.
- **R. Reibe**, Lüneburger Str. 2, ✆ 1602
- **Fahr Rad**, Dannenbergerstr. 7, ✆ 941460

Hitzacker/Elbe

Die Altstadt von Hitzacker ist wegen ihres sehenswerten Stadtensembles eines der attraktivsten Ziele entlang der „Deutschen Fachwerkstraße", die mit einer Länge von 2000 Kilometern von der Elbe bis zum Bodensee reicht, und die verschiedenen Arten der fachwerkgeprägten Baukultur zeigt.

Das Straßenbild der Altstadt prägen kunstvoll verzierte Fachwerkhäuser und einige Massivbauten im Klinkermauerwerk. Die Fachwerkhäuser sind meist giebelständig, teils mit Erkern oder Utluchten versehen, einige mit Ausfachungen verputzt oder Sichtklinkern ausgefacht. Zwei große Brände, 1548 und 1668, zerstörten Hitzacker fast völlig. Deshalb sind aus der Zeit vor dem ersten Brand keine, und aus der Zeit zwischen diesem und dem zweiten Brand nur sehr wenige Häuser erhalten. Hierzu zählt das Alte Zollhaus mit Steilgiebel, das 1589 errichtet wurde, und auch die Drawehner Torschenke (1635), die erste Gastwirtschaft im Ort. Dieses malerische zweigeschossige Fachwerkhaus in Stockwerkskonstruktion, wird von einem Krüppelwalmdach gekrönt.

TIPP Sie können sich nun nach dem Besuch von Hitzacker entscheiden, ob Sie wieder mit der Fähre ans ander Ufer wechseln und somit auf der Hauptroute weiter fahren oder auf dem südlichen Elbufer über Damnatz fahren und erst bei Dömitz auf einer Brücke die Elbe überqueren.

11 Auf der Hauptroute auf dem Deich durch **Laake** nach Strachau.

Strachau

- **Bildhauer Klaus Großkopf**, Elbstr. 10, ✆ 038845/41528. Kunstinteressierte können die Entstehung von Skulpturen beobachten und weitere Kunstwerkstätten besuchen.

Dömitz

Nun auf der **Deichstraße** durch den Ort ~ am Ortsende unterhalb des Deiches auf den Radweg ~ es geht an **Raffatz** und **Wilkenstorf** vorbei ~ einen halben Kilometer weiter wird **Bohnenburg** passiert ~ weiter auf dem Deich nach Wehningen.

Wehningen

PLZ: 19273; Vorwahl: 038845

Im **Schlosspark Wehningen** sehen Sie den Torbogen des ehem. Schlosses.

Auf dem Radweg südlich des Ortes bis zur Brücke über die **Neue Löcknitz**.

VARIANTE Sie können das Stück stark befahrene Bundesstraße auf der Alternativstrecke auf dem Löcknitz-Deich umgehen. So meiden Sie auch die schlecht befahrbare Strecke hinter Rüterberg.

12 Schräg rechts dem Radschild Richung Dömitz folgen ~ auf dem Weg nach Rüterberg.

Rüterberg

Heimatstube, im Hotel-Restaurant Elbklause, ÖZ: Mo-So ab 12 Uhr. Hier befindet sich ein kleines Grenzmuseum.

An der Grenze zwischen BRD und DDR im-Bereich der Elbe, war das mecklenburgische

Dorf Rüterberg ein zu allen Himmelsrichtungen mehrfach eingegrenztes Gebiet und ständig bewacht. Nur Sonderpassierscheine erlaubten den Ein- und Ausgang oder eventuellen Besuch für die Einwohner. Die Bürger Rüterbergs sehen sich verpflichtet, diese besonderen Lebensumstände zu dokumentieren und zur Mahnung für alle Zeiten zu bewahren. Seit 1991 trägt die Gemeinde die offizielle Bezeichnung Dorfrepublik und ist heute ein lebenswerter Ort.

TIPP Wenn Sie auf den Holzturm am hohen Elbufer steigen, haben Sie eine wunderbare Aussicht auf die Elbauenlandschaft.

Bergauf auf dem gepflasterten Weg durch den Ort ⇝ geradeaus auf der **Friedhofsstraße** ⇝ am Ortsende endet auch das Pflaster ⇝ auf dem Waldweg bergab ⇝ auf halber Höhe der Brack zur Rechten links abbiegen ⇝ direkt auf die **B 195** zu.

VARIANTE Sie können auch die nächste Auffahrt auf den Löcknitz Deich links von Ihnen nutzen, und abseits der befahrenen Bundesstraße nach Dömitz gelangen.

Wanderdüne

⚠ Achtung Verkehr ⇝ rechts und leicht bergauf Richtung Dömitz ⇝ rechts auf den Rad- und Fußweg ⇝ die B 191 queren, dann rechts auf den straßenbegleitenden Radweg ⇝ direkt vor der Elbe-Brücke links, und bergab auf dem Deich nach Dömitz hinein.

Dömitz

PLZ: 19303; Vorwahl: 038758

- **Tourist-Information**, Rathauspl. 1, ✆ 22112
- **Tourismusverband Mecklenburg-Schwerin e. V.**, Alexandrinenpl. 5-7, 19288 Ludwigslust, ✆ 03874/66922
- **Museum Dömitz**, Festung Dömitz, ✆ 22401, ÖZ: Mai-Okt., Di-Fr 9-17 Uhr, Sa, So/Fei 10-18 Uhr, Nov.-April, Di-Fr 10-16.30 Uhr, Sa, So/Fei 10-16.30 Uhr. Im Museum werden nicht nur verschiedene Ausstellungen u. a. zur Geschichte der Festung und der Stadt vom 13. Jh. bis in die Gegenwart gezeigt, sondern es gibt auch eine Gedenkhalle im Turm der ehemaligen Festungskapelle für den niederdeutschen Schriftsteller Fritz Reuter.
- **Fünfeckige Flachlandfestung**. Die Festung entstand während des 16. Jhs. im Auftrag von Johann Albrecht I. und diente zum Schutz der Landesgrenze und zur Kontrolle der Elbzolleinnahmen. Vom Festungsturm aus kann man einen einzigartigen Blick in die Bundesländer Mecklenburg-Vorpommern, Brandenburg und Niedersachsen genießen.
- **Fahrradvermietung Hans-Jürgen Behncke**, Friedrich-Franz-Str. 21, ✆ 22543

Dömitz ist eine alte Festungsstadt deren Geschichte mehr als 800 Jahre in die Vergangenheit zurückreicht. Die Ortschaft wurde durch die Elbeschifffahrt und ihre Lage an der Grenze von drei Ländern, nämlich Hannover, Mecklenburg und Brandenburg geprägt. Ihre Bekanntheit, weit über die Landesgrenzen hinaus, verdankt die Stadt auch Fritz Reuters niederdeutscher Literatur. Auf der Festung wurde der Schriftsteller in den Jahren 1838 bis 1840 unter anderem wegen Majestätsbeleidigung gefangengehalten. Bekannt wurde Reuter mit seinem Buch „Ut mine Stromtid". Heute ist Dömitz ein beliebter Tourismusort.

Von Dömitz nach Ludwigslust 43,5 km

Auf dem Deich bis an die Müritz-Elde-Wasserstraße ~ **13** an der Brücke rechts auf den Radweg und durch den Ort ~ an der Kreuzung mit den Radschildern zur Rechten wechselt der Radweg die Straßenseite ~ an der folgenden Kreuzung wendet sich die B 195 nach Lenzen, die Route aber führt geradeaus Richtung Polz; hier trennen sich der Elbe- und der Mecklenburgische Seen-Radweg.

Über die Löcknitz ~ die erste Straße rechts nach Klein Schmölen zur Düne.

Klein Schmölen

PLZ: 19303; Vorwahl: 038758

Binnen-Wanderdünen, Informationen bei der Naturparkverwaltung, ✆ 038847/624840. Diese Dünen mit ihrer für Europa einzigartigen Größe sind Zeugen der letzten Eiszeit. Inmitten der kargen Landschaft fühlt man sich an die Küste versetzt. Die Dünen sind ungefähr 600 Meter breit und strecken sich an die zwei Kilometer parallel zur Elbe aus. Die Wanderstrecke Dünengebiet befindet sich im Naturpark Mecklenburgisches Elbetal.

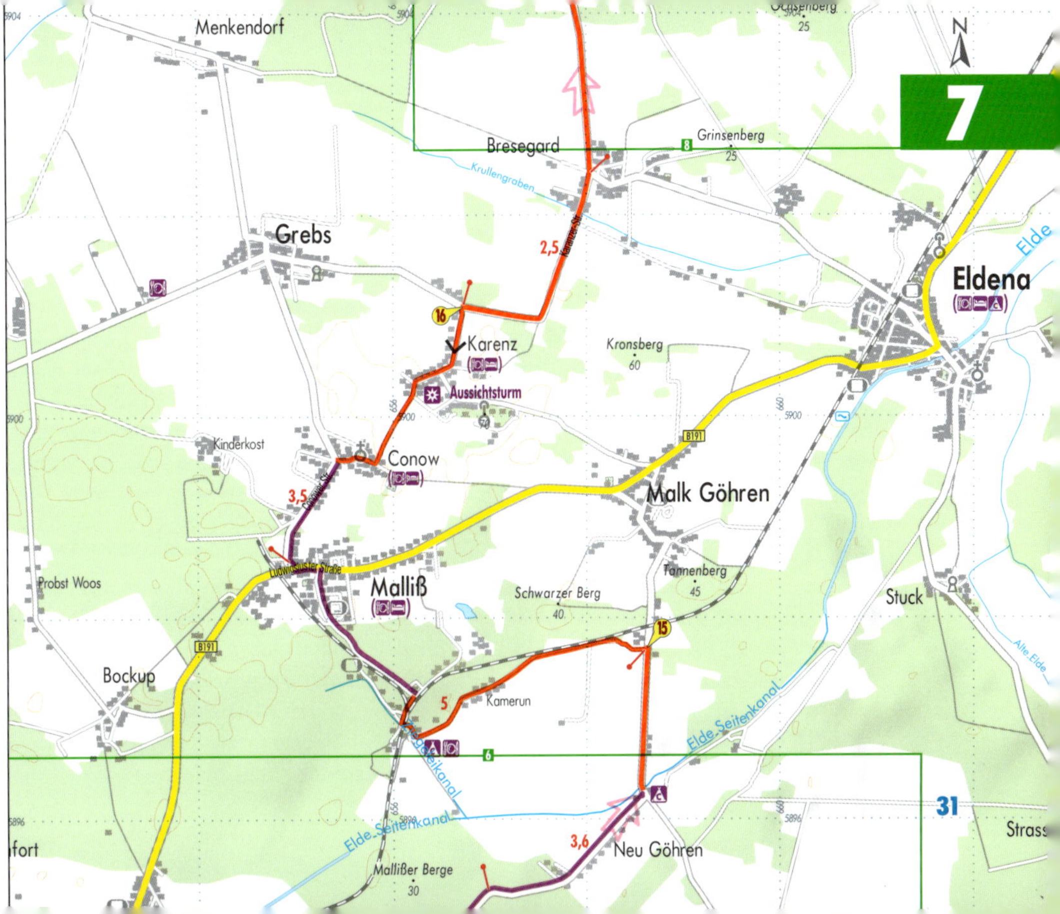

Der Straße bis kurz vor den Häusern folgen ⇝ links auf den Radweg und an der Wanderdüne vorbei ⇝ kurz vor dem See nach links bis zur Straße ⇝ geradeaus nach Groß Schmölen.

Groß Schmölen

Weiter auf der schnurgeraden Straße nach **Alt-Kaliß** ⇝ im Ort der starken Linkskurve auf die **Karl-Marx-Straße** folgen ⇝ **14** an der Kreuzung rechts in die **Fritz-Reuter-Straße**.

AUSFLUG Von hier aus können Sie einen kurzen Abstecher nach Neu Kaliß machen, wo es eine Wassermühle und Einkehrmöglichkeiten gibt.

Neu Kaliß

PLZ: 19294; Vorwahl: 038758

- **Mühle Findenwirunshier**. Die Mühle wurde im Jahre 1860 von Wilhelm Markurth erbaut. Die Getreidemühle, die mittels Wasserkraft betrieben wurde, war bis 1992 in Betrieb. Heute steht sie unter Denkmalschutz und erzeugt Strom.
- **Bausch-Park**. an der ehem. Papierfabrik, mit botanischen Kostbarkeiten. 1877 wurde der Park auf Veranlassung Theodor Bauschs angelegt. Neben einheimischen Gehölzen befinden sich im Park auch Gehölze aus Nordamerika und Ostasien.

Ab Ortsende gibt es zur Linken einen Radweg, diesem 4,5 km nach Neu Göhren folgen.

Neu Göhren

Durch den Ort ⇝ an der Kreuzung links, dem Verlauf der Vorfahrtsstraße folgen ⇝ über den Elde-Kanal ⇝ weiter auf der Kreisstraße ⇝ **15** kurz vor der Bahn links Richtung Camping in den Weg mit der 12t-Beschränkung ⇝ an der Bahn entlang ⇝ durch die Siedlung **Kamerun** hindurch ⇝ rechts über einen Kanal und die Bahn ⇝ gleich nach den Gleisen rechts ⇝ nochmals werden Schienen gequert, dann an der Vorfahrtsstraße links, zur Rechten ein rot-gepflasterter Radweg ⇝ dieser führt durch Malliß.

Malliß

- **Fünfflügelige Windmühle**. Die Windmühle wurde 1875 von einem Müllergesellen namens Fritz Amende erbaut.

An der Ampelkreuzung mit der B 191, der **Ludwigsluster Straße**, links ⇝ an der nächsten Kreuzung rechts Richtung Leussow in die **Conower Straße** ⇝ zur Rechten ein Radweg ⇝ ein Kilometer bis Conow.

Conow

PLZ: 19294; Vorwahl: 038750

- **Neugotische Kirche**, ✆ 20447, ÖZ: n. V. Die Kirche wurde zwischen 1880 und 1886 erbaut. Sehenswert sind 18 mittelalterliche Schnitzfiguren.

Im Ort rechts in die **Karenzer Straße** ⇝ vorbei an der Kirche und weiter im Linksbogen ⇝ auf einer Birkenallee nach Karenz.

Karenz

Sie durchqueren den Ort.

TIPP Es lohnt sich ein kurzer Abstecher zum Ausflugsturm auf der rechten Seite. Nach erfolgreicher Besteigung können Sie bei gutem Wetter bis Schwerin gucken!

Nach der Linkskurve bergab ⇝ **16** an der Vorfahrtsstraße rechts Richtung Eldena ⇝ der starken Linkskurve folgen, danach geradeaus nach Bresegard.

Bresegard

Auf der **Karenzer Straße** durch Bresegard ⇝ an der Vorfahrtsstraße links Richtung Glaisin ⇝ bis dahin sind es drei Kilometer.

Glaisin

Im Ort an der Kreuzung rechts in die **Mühlenstraße** Richtung Hornkaten – 5 Kilometer ~ am Ortsende beginnt ein Rad- und Fußweg rechts neben der Straße.
Bei der Brücke über den Krullengraben wechselt der Radweg die Straßenseite ~ am Ortsbeginn von Hornkaten verläuft der Radweg wieder rechts.

Hornkaten

17 An der Vorfahrtsstraße rechts Richtung Ludwigslust ~ der Radweg führt rechts neben der Straße weiter ~ einen halben Kilometer nach Ortsende an der Kreuzung rechts Richtung Techentin ~ ein Radweg verläuft nun zur Linken.

Techentin

In Techentin dem Verlauf des Radweges in der Linkskurve der **Bauernallee** folgen ~ an der Stopptafel geradeaus in den **Schlachthofweg** ~ an der Kirche vorbei und zur Vorfahrtsstraße.

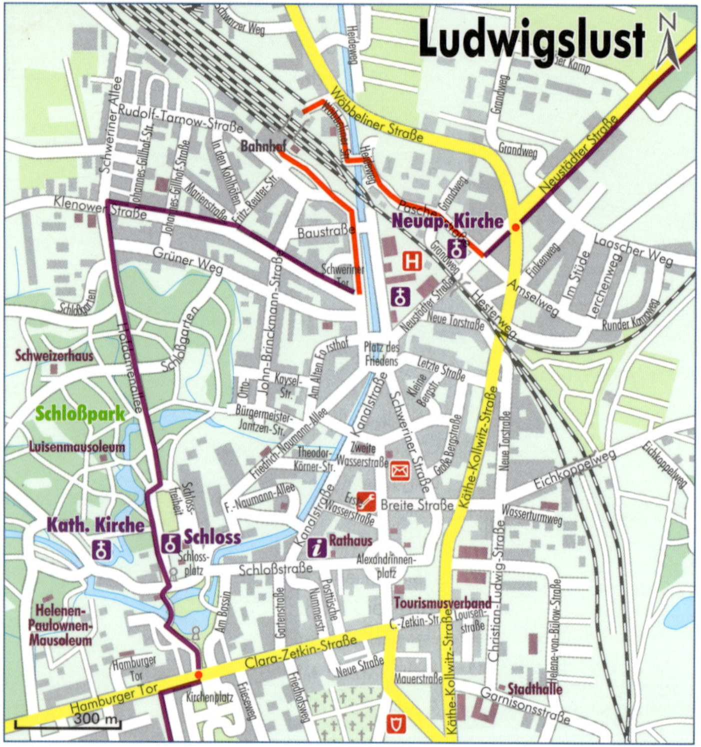

Ludwigslust

PLZ: 19288; Vorwahl: 03874

Tourist-Information, Schlossstr. 36, ✆ 526 251, www.stadtludwigslust.de

Staatliches Museum Schwerin, Schloss Ludwigslust, ✆ 57190, ÖZ: 15. April-14. Okt., Di-So 10-18 Uhr, 15. Okt.-14. April, Di-So 10-17 Uhr.

Stadtkirche, ✆ 21968, Besichtigung möglich. Die Kirche wurde in den Jahren 1765-70 erbaut. Die Säulenhalle ist nach antikem Vorbild errichtet worden. Das 350 m² große Altargemälde wurde von 1772-1803 von Findorff und Suhrlandt geschaffen.

Schloss Ludwigslust, ✆ 57190, ÖZ: 15. April-14. Okt., Mo-So 10-18 Uhr, 15. Okt.-14. April, Mo-So 10-17 Uhr. Das Residenzschloss der mecklenburgischen Herzöge wurde von 1772-76 errichtet. Besonders sehenswert sind der Marmorsaal, der Gardesaal und der Goldene Saal, sowie ein

Schlossplatz in Ludwigslust

Kabinett mit Miniaturen, Jagd- und Prunkwaffen sowie kostbaren Möbeln.

Die erste urkundliche Erwähnung der Ortschaft erfolgte im Jahre 1399 unter dem Namen Klenow. 1754 erhält der Ort seinen heutigen Namen, nämlich Ludwigslust. In den Jahren 1772-1776 ließ Herzog Friedrich von Mecklenburg-Schwerin das Schloss nach Plänen des Hofbaumeisters Johann Joachim Busch erbauen. Das Schloss war von diesem Zeitpunkt an der Mittelpunkt der spätbarocken Stadtanlage Lud-

wigslust. Nachdem 1837 Großherzog Paul Friedrich die Hofhaltung nach Schwerin verlegt hat, wurde das Schloss Ludwigslust als Jagd- und Sommerresidenz gebraucht. Das Schloss gehört seit 1986 zum staatlichen Museum Schwerin. Sehenswert sind die vergoldeten Dekorationen aus Papiermaché. Rund um das Schloss befinden sich gärtnerische Anlagen aus dem 18. Jahrhundert. Der geometrisch angelegte Garten wurde in der Mitte des 19. Jahrhunderts vom Gartengestalter Peter Joseph Lenné im landschaftlichen Stil erweitert. Der Park des Schlosses Ludwigslust ist einer der schönsten in ganz Deutschland.

Von Ludwigslust nach Parchim 42 km

Auf der Vorfahrtsstraße, der **Clara-Zetkin-Straße,** rechts ~ gleich wieder links in den Weg **Am Bassin**, dieser ist für den Kraftfahrzeugverkehr gesperrt ~ auf dem Weg über das Schlossgelände ~ über zwei kleine Brücken ~ direkt auf das Schloss zu ~ links am Schloss vorbei und nun auf der **Hofdamenallee** durch den Schlosspark.

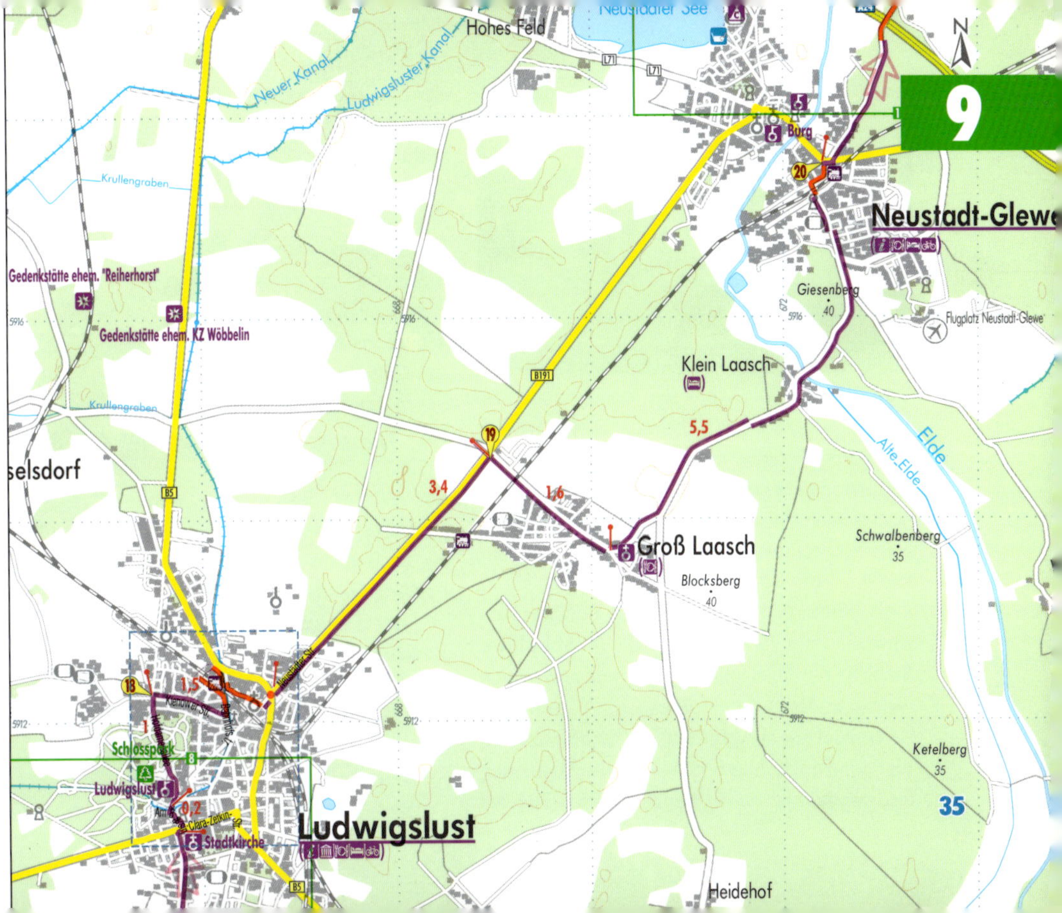

Schleuse am Eldekanal

Das Eisentor passieren ⇝ rechts neben der Straße nun ein breiter Radweg ⇝ **18** an der **Klenower Straße** nach rechts und auf dem straßenbegleitenden Radweg weiter ⇝ an der nächsten Vorfahrtsstraße, der **Bahnhofstraße**, links ⇝ an der Gabelung links halten, dann rechts ⇝ am **Bahnhof** vorbei ⇝ gleich hinter dem Bahnhof rechts durch den **Fußgängertunnel**, dahinter rechts in die **Wöbbeliner Straße** ⇝ links über den Kanal und gleich wieder rechts in den **Heideweg** ⇝ dem Straßenverlauf bis zur **Neustädter Straße** folgen, hier dann nach links und auf dem rechtsseitigen Radweg weiter ⇝ an der Ampelkreuzung mit der B 106 geradeaus ⇝ **19** nach 3,5 km auf dem Radweg, der parallel zur B 191 verläuft, rechts abbiegen Richtung Groß Laasch ⇝ über die Bahn und in den Ort hinein.

Groß Laasch

Der Radweg wechselt die Straßenseite ⇝ im Linksbogen an der Kirche vorbei ⇝ 3 km bis nach Klein Laasch.

Klein Laasch

Am Ortsbeginn von der linken auf die rechte Straßenseite ⇝ in einer Rechtskurve aus dem Ort hinaus ⇝ auf der Radfahrerbrücke über den Müritz-Elde-Kanal ⇝ weiterhin auf dem rechtsseitigen Radweg bis nach Neustadt-Glewe ⇝ der Radweg wechselt die Straßenseite ⇝ über die Bahnschienen.

Neustadt-Glewe

PLZ: 19306; Vorwahl: 038757

Tourist-Information, Auf der Burg, ✆ 23784

Burg. Die aus dem 13. Jh. stammende Burg gilt heute als die älteste und am besten erhalten gebliebene Wehrung in Mecklenburg-Vorpommern.

Schloss. Im Schloss Neustadt-Glewe befindet sich jetzt ein Hotel.

Heimatmuseum in der alten Burg.

In der Zeit von 7000 bis 700 vor Christus wurden die Eldedünen zumindest zeitweilig von nomadisierenden Germanen und Slawen besiedelt, eine dauerhafte Besiedelung erfolgte erst vom 5. Jahrhundert an. Im Jahre 1248 wird der Name Nova Civitas (Neue Stadt) erstmals in einer Urkunde erwähnt, die Burg der Stadt wird 1331 zum ersten Mal genannt.

In den nächsten Jahrhunderten wird Neustadt-Glewe des öfteren von Pest und Stadtbränden heimgesucht und auch von kriegerischen Auseinandersetzungen blieb es nicht verschont. Nach fast hundertjähriger Bauzeit wird 1717 schließlich das Schloss fertiggestellt. 1880 erhält die Stadt seinen Bahnanschluss.

In den folgenden Jahrzehnten werden das Neustädter Technikum, eine Brauerei, ein Lederwerk und andere Betriebe gegründet.

Dem Verlauf der Vorfahrtsstraße durch Neustadt folgen ~ **20** an der Ampelkreuzung rechts auf den Radweg, dann gleich wieder links Richtung Neuhof – 3 km ~ vorbei am Wasserwerk ~ der Radweg endet kurz vor der Brücke über die A 24 ~ danach weiter auf dem wieder vorhandenen Radweg nach Neuhof.

Neuhof

Das Europäische Vogelschutzgebiet **Lewitz** ist eine Niederungsgebiet, das durch seine jahrhundertelange Abgeschiedenheit eine einzigartige Fauna und Flora hervorgebracht hat.

Am Ortsausgang endet der Radweg ~ weiter auf der Straße Richtung Kronskamp ~ über die Müritz-Elde-Wasserstraße und danach rechts von der Vorfahrtsstraße ab Richtung Schleuse ~ auf der Straße direkt an der Schleuse vorbei ~ weiter Richtung Friedrichsmoor ~ der Weg entfernt sich vom Kanal ~ nun einfach dem Straßenverlauf folgen ~ an der Vorfahrtsstraße geradeaus ~ an der nächsten Vorfahrtsstraße rechts ~ **21** an der nächsten

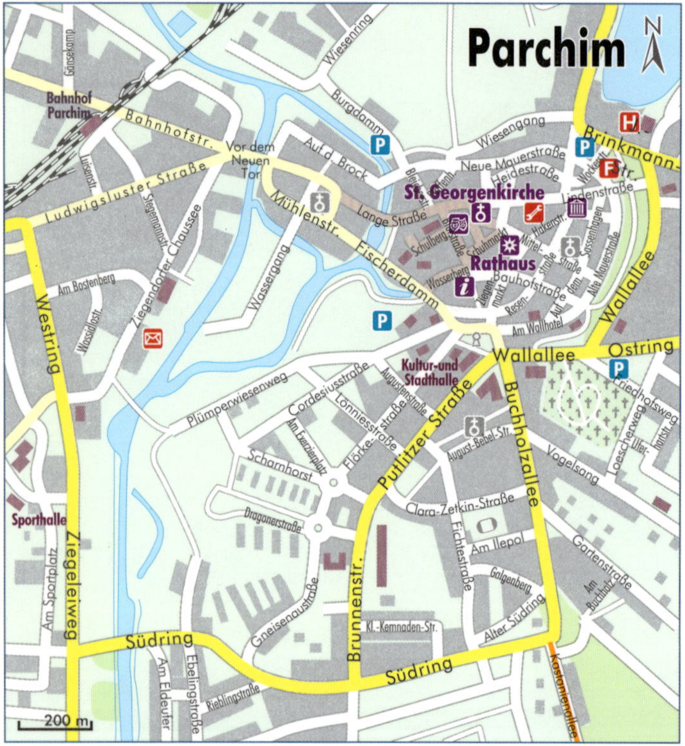

Kreuzung rechts Richtung Spornitz ~ über die Müritz-Elde-Wasserstraße.

An der Kreuzung mit der Vorfahrtsstraße links Richtung Matzlow ~ nach 4 km ist es erreicht.

Radweg entlang des Eldekanals

Matzlow-Garwitz

An der Vorfahrtsstraße links auf den Radweg neben der Straße ~ über die Elde und danach über den Kanal und gleich danach rechts Richtung Rastplatz ~ nun auf dem unbefestigten Weg an der Müritz-Elde-Wasserstraße entlang ~ 4 km weiter mündet der Radweg in eine Asphaltstraße, hier links Richtung Malchow.

Malchow

Durch den Ort hindurch Richtung Möderitz.

Möderitz

22 An der Vorfahrtsstraße geradeaus Richtung Parchim ~ an der Bahn entlang ~ in einer Linkskurve über die Bahn ~ an der folgenden Kreuzung rechts Richtung Parchim auf dem **Möderitzer Weg** ~ über die Bahn ~ nach der Linkskurve kommen Sie an die Vorfahrtsstraße ~ rechts geht es in Zentrum, der Mecklenburgische Seen_Radweg führt links weiter.

Parchim

PLZ: 19370; Vorwahl: 03871

- **Tourist-Information**, Blutstr. 5, ✆ 71550
- **Marienkirche**. Die Marienkirche ist ein Beispiel für wunderschöne historische Baukunst. In der Kirche wurde Generalfeldmarschall Helmuth von Moltke getauft.
- **Wallanlagen**. Die Wallanlagen wurden ursprünglich im 14. Jh. zum Schutz der Stadtmauer angelegt, die zum Teil noch heute erhalten ist.
- **Fachwerkhäuser**. Sehenswerte Fachwerkhäuser aus dem 16. und 17. Jh.
- **Rathaus**. Das Rathaus ist ein ursprünglich gotischer Backsteinbau aus dem 14. Jh.
- **Fahrradgeschäft Fricke**, Lindenstr. 39, ✆ 213591
- **Fahrradverleih Nickel**, Lange Str. 22, ✆ 212864

Die Kreisstadt Parchim – von den Bewohnern meist „Pütt" genannt – mit seinen etwa 18.000 Einwohnern liegt an dem Wockersee, der sich am nördlichen Rand der Stadt befindet und sowohl den Einheimischen als auch den Gästen als Naherholungsgebiet dient. Die erste urkundliche Erwähnung des Städtchens geht auf das Jahr 1170 zurück, die Stadtmauer allerdings wurde erst später, nämlich um das Jahre 1300 erbaut.

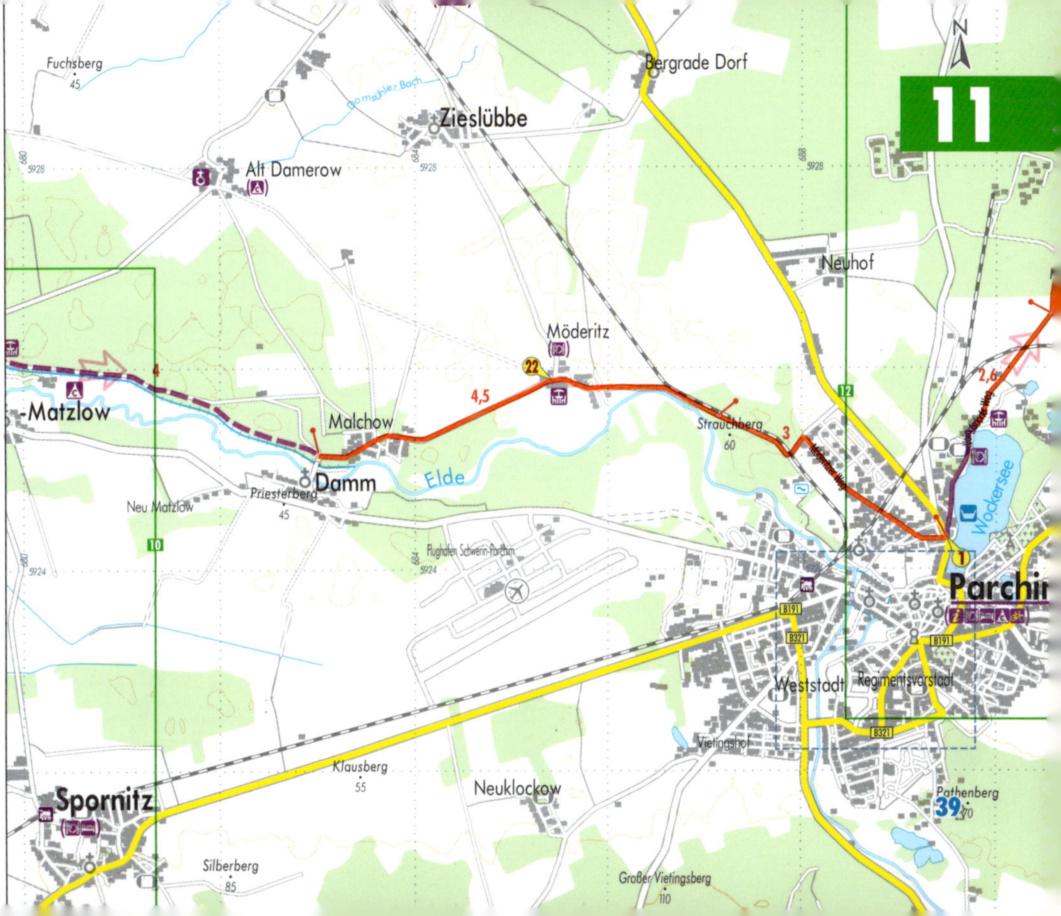

Von Parchim nach Neubrandenburg

256,5 km

Der zweite Abschnitt führt Sie tief ins Gebiet der Mecklenburgischen Seenplatte mit den sehenswerten Hafenstädten Plau am See, Röbel oder Waren und Rechlin sowie Mirow, Wesenberg, Neustrelitz und schließlich Neubrandenburg. Der landschaftliche Höhepunkt ist die Fahr durch den Müritz-Nationalpark, einzigartige Ausblicke, glasklares Wasser, seltene Vogelarten und Ruhe – das erwartet Sie dort. Mit der „Stadt der vier Tore“ – Neubrandenburg – ist das Ziel der zweiten Etappe erreicht.

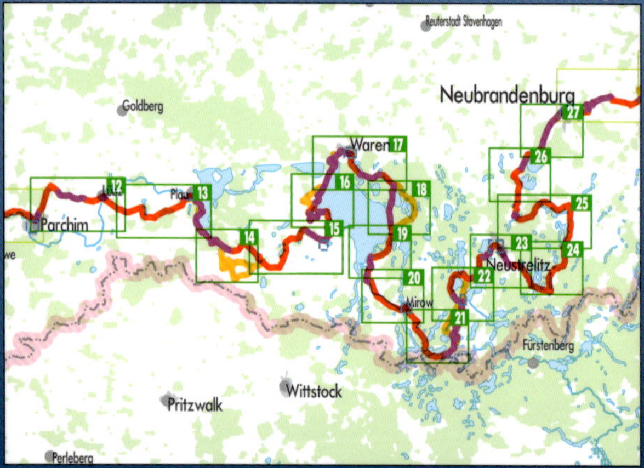

Die Route verläuft auf Landstraßen, Wirtschaftswegen und Radwegen entlang der Seen, diese Radwege sind größtenteils nicht asphaltiert. Ein längeres Teilstück im mäßigen Verkehr erwartet Sie vor Mirow – rund 5 Kilometer, sonst bleiben Sie von Autolärm und Abgasen verschont. Zu Beginn kommen nur wenige Steigungen vor, ein kurzes Steilstück befindet sich vor Bad Stuer. Entlang der Müritz treffen Sie auf ein ständiges Auf und Ab, die Gegend ist etwas hügeliger. Die stärksten Steigungen begegnen Ihnen zwischen Blankensee und Blumenholz.

Parchim

Von Parchim nach Plau am See 37,5 km

1 An der Bundesstraße links Richtung Schwimmbad ⇝ gleich darauf rechts in den **Voigtsdorfer Weg** ⇝ auf einem Radweg am Wockersee entlang ⇝ der Radweg endet ⇝ nun dem Wegverlauf Richtung Voigtsdorf folgen ⇝ über die Bahn und in den Wald hinein.

Voigtsdorf

Im Ort geradeaus Richtung Lübz und Darze.

Darze

Kurz vor der Landstraße scharf nach rechts abbiegen ⇝ dem Straßenverlauf folgen ⇝ nach rechts abbiegen, für ein kurzes Stück auf die Landstraße ⇝ nach dem Ortsende links ⇝ es geht bergauf nach **Stralendorf** ⇝ **2** rechts auf die Hauptstraße bis zur nächsten Vorfahrtsstraße, hier links auf den straßenbegleitenden Radweg ⇝ ein Kilometer bis nach Lancken, es geht bergauf.

Lancken

Auf dem Radweg durch den Ort ⇝ in der Rechtskurve der Straße direkt bei der Kirche links abbiegen ⇝ kurz vor Beckendorf bergauf

Lübz - Stadtpark am Amtsturm

⇝ an der Asphaltstraße rechts Richtung Lübz – 3,2 Kilometer ⇝ über die Bahn ⇝ zur Linken beeindrucken Windräder mit ihrer Größe ⇝ in Lutheran an der gepflasterten Straße rechts.

Lutheran

An der B 191 links Richtung Plau und Lübz ⇝ **3** hinter dem Stiftsweg rechts abbiegen ⇝ über den **Parkplatz** ⇝ geraudeaus über die Brücke ⇝ links in den **Bobziner Weg** ⇝ dann gleich rechts in die **Bergstraße**.

TIPP: Wenn Sie ins Zentrum wollen, fahren Sie die Bergstraße bis zur Straße Am Markt. Bitte achten Sie auf das Einbahnstraßensystem im Zentrum.

Lübz

PLZ: 19386; Vorwahl: 038731

- **Tourist-Information**, Am Markt 23, ✆ 507-420
- **Stadtmuseum Lübz**, Am Markt 25, ✆ 507430, ÖZ: Mai-Sept., Di-Fr 10-12 Uhr und 13-17 Uhr, Sa, So 10-12 Uhr und 13-16 Uhr, Okt.-April, Di-Fr 10-12 Uhr und 13-16 Uhr u. n. V. Seit 1976 beherbergt das letzte Gebäude der Eldenburg, ein spätromanischer Wehrtrum, das Stadtmuseum. In vier Ausstellungsräumen kann man etwas erfahren über die Burg, die Entwicklung zur Stadt, das Leben der Lübzer um 1900 sowie die Geschichte der örtsansässigen Brauerrei, Zellengewölbe und dem Turmuhrwerk von 1856. Weitere Ausstellungsräume befinden sich im sanierten Amtshaus.
- **Planetarium und Sternwarte**, Neuer Teich 6, ✆ 507-420 (Tourist-Information), ÖZ: Mo-So n. V., Mai-Sept. öffentliche Führungen Di 16 Uhr. Bei einer Führung kann man Informationen zu verschiedensten Themen erhalten, zum Beispiel über das heliozentrische Weltbild oder wie man sich am Sternenhimmel orientieren kann.
- **Fahrradverleih Karl Joachim Rohde**, Am Markt 1, ✆ 22546
- **Fahrradverleih Gundolf Ziel**, Scharnhorststr. 28, ✆ 22292

Erstmalig durch Funde belegt ist die Anwesenheit von Menschen in diesem Gebiet vor 16.000

Jahren, eine dauerhafte Besiedlung konnte man seit 3.000 vor Christus nachweisen. Von 600 vor bis 600 nach Christus dürfte das Gebiet von den Waren, einem germanischen Stamm, besiedelt gewesen sein. Nach der Völkerwanderungszeit siedeln die Slawen bis ins 13. Jahrhundert hinein in diesem Gebiet. 1308 schließlich wird Lübz erstmals urkundlich erwähnt. Zu dieser Zeit lässt der brandenburgische Markgraf Otto IV. und sein Sohn Hermann die Eldenburg, als Rundburganlage, geschützt durch Palisaden und Wall, erbauen. Im 16. Jahrhundert wurde die Burg zweimal umgebaut, zuletzt zu einem Schloss, welches fortan als Witwensitz genutzt wurde. Nach Abriss blieb der Turm der alten Eldenburg erhalten. Auf den Fundamenten des Hauptgebäudes des Schlosses wurde 1759 das Amtshaus errichtet, deshalb heißt der in unmittelbarer Nähe stehende Turm der Amtsturm.

Auf der Hauptroute links in die Straße **Hinter der Wohrte** ⁓ rechts in die **Plauer Chaussee** ⁓ bei der Ampelkreuzung mit der **Plauer Straße** links ⁓ auf der **Feldstraße** leicht bergauf hinaus aus Lübz ⁓ es werden 63 Höhenmeter erreicht, danach bergab ⁓ auf Pflaster durch Benzin hindurch.

Benzin

PLZ: 19386; Vorwahl: 038731

- **Ziegelei Benzin**, Ziegeleiweg 8, ✆ 8059, ÖZ: Mai-Sept., Mo-Fr 10-17 Uhr, Sa-So 12-17 Uhr, Okt.-April, Mo-Fr 10-15 Uhr, Sa-So n. V. Die seit Beginn des 19. Jhs. bestehende Ziegelei stellte 90 Jahre lang den für diese Region typischen roten Backstein her. Bei einem Besuch der Ziegelei hat man die Möglichkeit den Weg des Rohstoffs bis hin zum fertigen Ziegel zu verfolgen.

Nach Ortsende wieder auf Asphalt weiter Richtung Plau ⁓ in den nächsten Ort.

Kritzow

Im Ort eine starke Rechtskurve auf der Vorfahrtsstraße ⁓ durch den Ort auf Pflaster ⁓ auf der Allee hinter Kritzow Richtung Schlemmin.

Schlemmin

- Gutshof

4 In der Rechtskurve der Vorfahrtsstraße links abbiegen ⁓ den Radschildern Richtung Plau folgen ⁓ auf der Asphaltstraße in den Wald ⁓ an einem Rastplatz vorbei ⁓ an der T-Kreuzung links Richtung Plau ⁓ nach weiteren 3 km an der Vorfahrtsstraße links und direkt auf die Bundesstraße zu ⁓ an der **B 191** rechts und weiter auf dem Radweg.

VARIANTE Wenn Sie nicht ins Zentrum wollen und auf ruhigeren Wegen entlang der Elde durch Plau am See radeln möchten, dann fahren Sie über die Müritz-Elde-Wasserstraße und nach der Brücke rechts in den unbefestigten Weg.

Auf der Hauptroute auf der **B 191** weiter ⁓ die Bahnschienen queren ⁓ links in die **Bahnhofstraße** ⁓ **5** rechts in die **Klitzingstraße** die **Schulstraße** queren ⁓ links in die **Töpferstraße** ⁓ an der T-Kreuzung rechts ⁓ am Ende der **Lange Straße** links halten, dann rechts in die **Große Burgstraße** ⁓ an der Hubbrücke links.

Plau am See

PLZ: 19395; Vorwahl: 038735

- **Touristinfo**, Marktstr. 20, ✆ 45678
- **Fahrgastschifffahrt**: Salewski, Ziegeleiweg 4, ✆ 42872 od. 0172/3939016
- **Wichmann**, Gerichtsberg 34, ✆ 45693 od. 0172/7415185

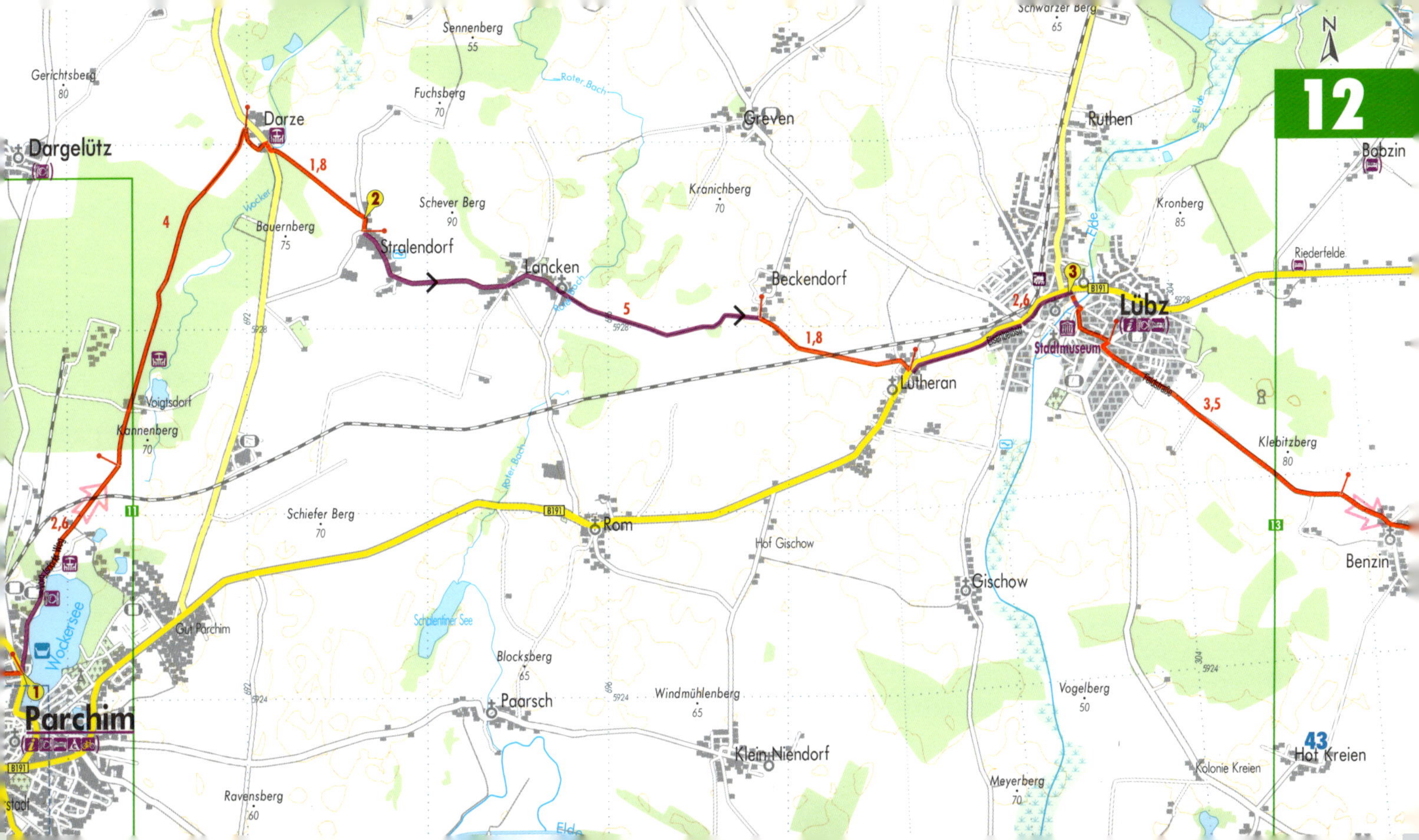

12
Dargelütz
Darze
Gerichtsberg
80
Sennenberg
55
Fuchsberg
70
Schwarzer Berg
65
Greven
Ruthen
Bobzin
Kranichberg
70
Schever Berg
90
Bauernberg
75
Stralendorf
Lancken
Beckendorf
Kronberg
85
Riederfelde
Lübz
Stadtmuseum
Lutheran
Voigtsdorf
Kannenberg
70
Klebitzberg
80
Schiefer Berg
70
Rom
Hof Gischow
Benzin
Gischow
Wockersee
Gut Parchim
Schalentiner See
Blocksberg
65
Paarsch
Windmühlenberg
65
Vogelberg
50
Parchim
Klein Niendorf
Hof Kreien
Kolonie Kreien
Ravensberg
60
Meyerberg
70
Elde
Roter Bach
Wocker
B191
1,8
4
5
2,6
3,5
43
11
13

Bildhauermuseum Prof. W. Wandschneider, Kirchpl. 3, ✆ 0173/6045630. Das Museum beschäftigt sich mit Leben und Werk des mecklenburgischen Bildhauers Wilhelm Wandschneider (1866-1942), der in Plau von 1926 bis zu seinem Tod sein Atelier hatte.

Plauer Burgturm mit Heimatmuseum, Burgpl. 2. Der Burgturm mit den 3 m dicken Mauern und dem 11 m tiefen Verlies ist das Wahrzeichen der Stadt. Er ist das letzte Zeugnis der einstigen Burganlage aus dem 14./15. Jh.

Bienenmuseum und Schau-Imkerei Neumann, Güstrower Chaussee, Plau Ortsteil Quetzin, ✆ 45225; Bienengarten, Kosmetikverkauf. In der Schau-Imkerei erhält der Besucher einen Einblick in die Honigherstellung und Informationen über die unterschiedlichste Verwendung.

Lehmmuseum Ortsteil Gnevsdorf, Steinstr. 64a, ✆ 038737/33830

Die **St. Marienkirche** ist ein roter Backsteinbau aus dem 13h. Der Chor und die Ausstattung des Innenraumes wurde 1878-79 im Stil der Neogotik umgestaltet.

Sehenswerte **Fachwerk-Altstadt**

Das **Rathaus** (1888/89) wurde im Stil der niederländischen Renaissance erbaut.

Cantor-Carl-Ehrich-Schule (1860)

Geburtshaus und **Sommerhaus „Casa Sabina"** des Bildhauers W. Wandschneiders.

Plauer See

Die **Hubbrücke** ist die höchste Hubbrücke (1,67 m) Mecklenburgs. 1991/92 wurde sie vollständig saniert.

Die **Elde-Schiffsschleuse** wurde 1945 anstelle der im Krieg zerstörten Drehbrücke als Hochbrücke erbaut. Die aufgenagelten Trittleisten, die statt der Treppenstufen angebracht wurden, werden „Hühnerleiter" genannt.

Stadtrundfahrten und -führungen, Touristeninformation, ✆ 45678

Lehm- und Backsteinstraße Ganzlin-Plau-Lübz

Kutschen- und Kremserfahrten: Fritz Randt, Klüschenberg 46, ✆ 44902

Bootsverleih: Bull, ✆ 41188, Campingplatz „Zuruf", Seestraße, ✆ 45878, Marina, Seestr. 26, ✆ 45539

Bootsverleih, An der Metow 12-16, ✆ 8390

Bootsverleih, Strandbad Plau am See, Seestr. 1a, ✆ 81564

Plauer Stadtwald, Quetziner Tannen

Lehr- und Erlebnisgarten Wangelin, ✆ 038737/20142. In dem Duft- und Schmetterlingsgarten und dem Bauern- und Naturgarten erfährt der Besucher Wissenswertes über Heil-, Färber-, Zauber- und alte Nutzpflanzen.

Badestellen, längs des Sees.

Tourist-Information, ✆ 45678

Fahrradverleih W. Schwenk, Steinstr. 38, ✆ 44980

Fahrradverleih Heidenholz, Kantor-Erich-Str. 3d, ✆ 850

Zahlreiche Funde und Wallanlagen erinnern an die slawischen Siedlungen der Obotriten, die den Grundstein der Stadt Plau am See bildeten. Bereits im Jahr 1235 erhielt „Plawe", was Flößerort bedeutet, Stadtrecht. Mit dem Plauer See liegt der drittgrößte See Mecklenburgs direkt vor der Tür. Die Altstadt ist noch heute von den restaurierten Fachwerk- und Backsteinhäusern der Ackerbürger geprägt.

Das leicht hügelige Umland von Plau am See, eine wunderschöne Endmoränenlandschaft, mit farbenprächtigen Wiesen, bunten Feldern, ruhigen Wäldern und vielen kleinen und größeren Seen, ist ein echtes Naturparadies.

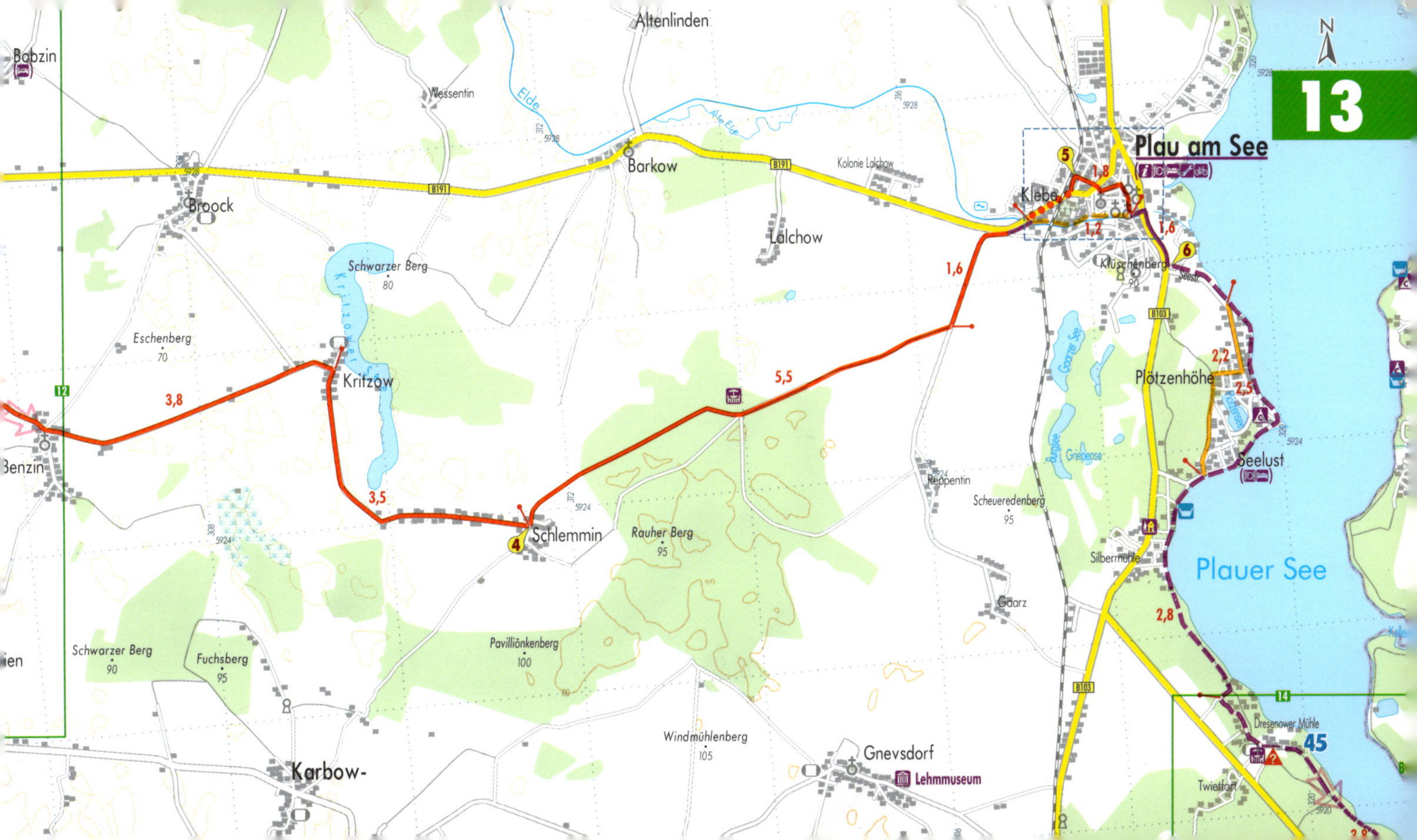
13
Plau am See
Altenlinden
Bobzin
Wessentin
Elde
Alte Elde
Barkow
B191
Kolonie Lalchow
Klebe
Broock
Lalchow
Schwarzer Berg
80
Kritzower See
Kritzow
Eschenberg
70
Benzin
3,8
3,5
5,5
1,6
1,8
1,2
2,2
2,5
2,8
Klüschenberg
90
Seestr.
B103
Goorzer See
Plötzenhöhe
Plötzensee
Seelust
Burgsee
Griepensee
Reppentin
Scheueredenberg
95
Schlemmin
Rauher Berg
95
Silbermühle
Plauer See
Gaarz
Pavilliönkenberg
100
Schwarzer Berg
90
Fuchsberg
95
Windmühlenberg
105
Gnevsdorf
Lehmmuseum
Karbow-
Dresenower Mühle
Twietfort
45
12
14

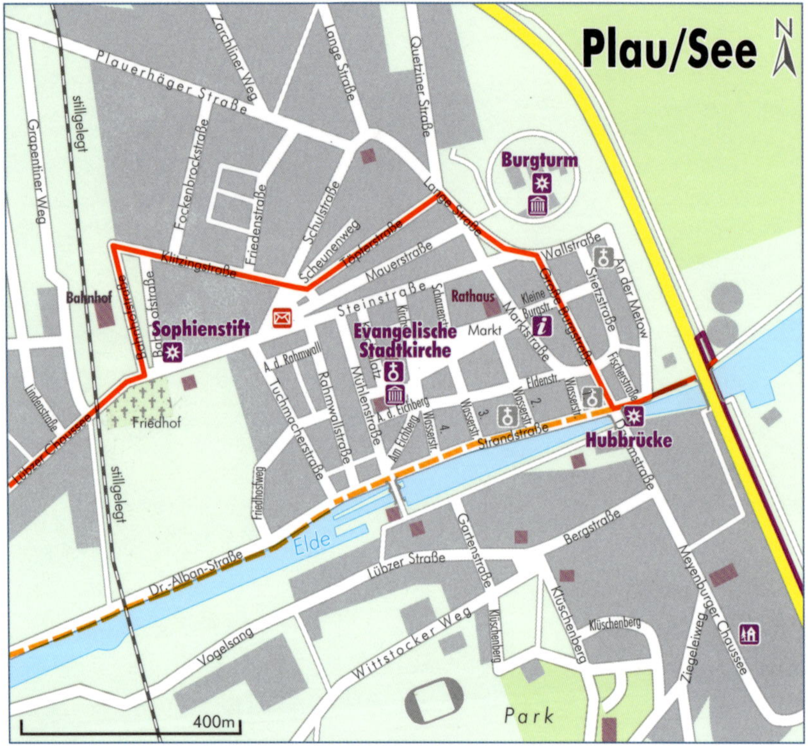

Von Plau am See nach Röbel 39,5 km

Geradeaus weiter gegen die Einbahnstraße unter der Brücke hindurch und danach gleich nach links auf den Radweg den Schildern folgend in einer U-Kurve links auf dem Radweg entlang der Hauptstraße 6 an der **Seestraße** nach links und dem Radweg nach **Plötzenhöhe** folgen bei den ersten Häusern zweigt der nun gekieste Radweg links Richtung Ufer ab den **Campingplatz** durchfahren und in Ufernähe bis nach Seelust.

ACHTUNG Auf dem Campingplatz gibt es eine Engstelle, die mit Anhänger, Tandem, Rollstuhl oder ausladendem Gepäck schwer zu passieren ist. Alternativ können Sie auf Asphalt durch den Ort fahren. Dafür einfach auf dem straßenbegleitenden Radweg der **Seestraße** bleiben, dann rechts in die **Sophienstraße** und auf der **Waldstraße** zum Ufer in Seelust.

Seelust

ACHTUNG Der nun folgende Abschnitt bis Bad Stuer führt entlang naturbelassener Wege, die zwar sehr idyllisch, aber zum Teil sandig und sehr schlecht zu befahren sind, das gilt vor allem auch für Räder mit Anhänger. Leider fehlen Alternativrouten.

Von Seelust aus weiter auf dem unbefestigten Uferweg ~ nach dem **Klinikum Silbermühle** auf einen Waldweg, der manchmal eher für Wanderer geeignet scheint, dafür aber sehr idyllisch verläuft ~ bei einer Wegverzweigung geradeaus den Schildern des Seen-Radweges folgen ~ durch eine Schrebergartensiedlung auf dem Hauptweg hindurch, dann in der Rechtskurve des Weges links ab ~ weiter durch den Wald ~ an einem unbefestigten Querweg nach links ~ ⚠ bei einem Rastplatz und einer Verzweigung von Sandwegen geradeaus weiter (kein Schild) ~ in einer weiten Linkskurve geradeaus auf einen Pfad.

TIPP Sie folgen hier am einfachsten immer der weißblauen Wandermarkierung durch den Wald.

Sie erblicken dann mal wieder den See ~ am nächsten Querweg links und vor dem Ufer wieder rechts ~ bei den Häusern mit einem kleinen Bootshafen rechts kurz steil hinauf ~ am **Campingplatzgelände** entlang ~ **7** an der Asphaltstraße tauchen wieder Schilder des Seen-Radweges auf, die nach links in Richtung Bad Stuer weisen.

Bad Stuer

Im Jahre 1845 wird Bad Stuer gegründet. Die Wasserheilanstalt des Ortsteiles wird vom bekanntesten Wasserarzt, nämlich Johann Heinrich Franke aus Güstrow, betrieben. Die Wasserheilanstalt in Bad Stuer war die am längsten bestehende in ganz Mecklenburg, geschlossen wurde sie in den 20er Jahren des 20. Jahrhunderts.

Nach dem Hotel rechts abbiegen ⤳ über eine kleine Brücke in den Wald ⤳ bei den Häusern und dem Angelteich am Querweg nach links ⤳ bergauf geht es zur Asphaltstraße, der **K 26**, hier rechts ⤳ nach rund 800 Metern links in den asphaltierten Radweg nach Stuer.

Stuer

PLZ: 17209; Vorwahl: 039924

- **Kirche** der Gemeinde Stuer. Die auffallend schöne Kirche wurde 1717 im Stil einer Prignitzer Ständerkirche neu errichtet. Besonders bemerkenswert ist der aus dem 15. Jh. stammende Altar mit einem wertvollen Aufsatz niederdeutscher Schnitzerei.
- **Ruine der Burg Stuer**
- **Bärenwald Müritz,** Am Bärenwald 1, ✆ 79118, ÖZ: April-Okt., tägl. 9-18 Uhr. Zahlreiche Bären aus schlechter Haltung finden seit 2006 im Bärenwald Müritz ein artgerechtes Zuhause.

Erstmals urkundlich erwähnt wurde die Gemeinde im März des Jahres 1187. In dieser Urkunde wird auch der Stuersche See genannt. Diesen Namen trug der Plauer See bis weit ins Mittelalter hinein. Die Herkunft des Namens ist sehr interessant zu beobachten. Ableiten lässt sich der Name aus dem slawischen, gesprochen wird er „Stur", das „e" stammt aus der niederdeutschen Lautdehnung. Die Geschichte der Ortschaft Stuer ist eng mit der Familie von Flotow verknüpft. Diese Familie war im Jahre 1340 mit dem Ort belehnt worden. Die Familie von Flotow hat ihren Höhepunkt in den Jahren 1354 bzw. 1366, als ihnen das ganze Land Malchow sowie die Stadt Röbel und das Land Röbel verpfändet werden. Der Hauptort wird Stuer, mit Sitz der höchsten Gerichtsbarkeit (Galgenberg). Die Burg Stuer, ausgebaut auf einer Insel im See mit Wallanlagen und Bergfried bildet das Zentrum dieses großen Territoriums.

An der Kreuzung geradeaus weiter.

VARIANTE Der Weg zwischen Rogeez und Käselin ist sehr sandig und äußerst schlecht zu befahren. Daher empfiehlt sich, die Strecke über Altenhof/Darze bzw. Altenhof/Dammwolde/Knüppeldamm zu umfahren.

Sollte Sie die schlechte Wegequalität nicht stören, fahren Sie in **Stuer Vorwerk** an der Querstraße links und folgen den Schildern nach Rogeez ⤳ kurz hinter den Hochspannungsleitungen geht der Asphaltweg abrupt in einen unbefestigten Feldweg über ⤳ links auf die ruhige L 206 einbiegen.

Rogeez

8 In Rogeez rechts in die **Chausseestraße** ⤳ die Straße ist anfangs asphaltiert, dann ein Betonplattenweg und zum Schluss ein etwas holpriger Feldweg ⤳ geradeaus in das Waldstück hinein.

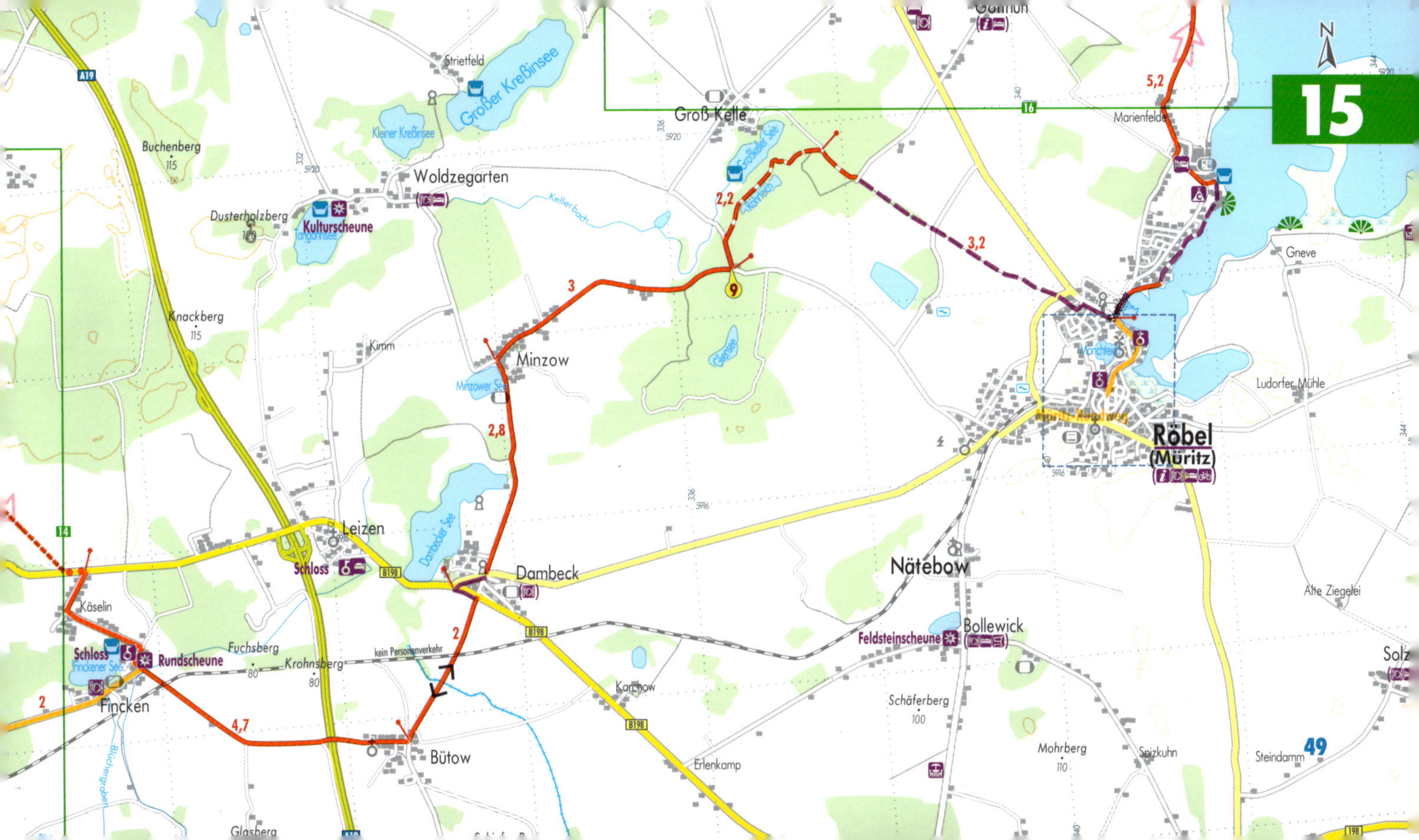
15
Strietfeld
Großer Kreßinsee
Kleiner Kreßinsee
Buchenberg
115
Woldzegarten
Dusterholzberg
120
Kulturscheune
Tangahnsee
Kellerbach
Groß Kelle
Großkeller See
Röhrteich
Marienfelde
5,2
2,2
3,2
9
3
Knackberg
115
Kimm
Minzow
Minzower See
Glasensee
2,8
Gneve
Mönchteich
Ludorfer Mühle
Müritz-Rundweg
Röbel
(Müritz)
Leizen
Schloss
Dambecker See
Dambeck
B198
Nätebow
Alte Ziegelei
Käselin
Schloss
Finckener See
Rundscheune
Fuchsberg
80
Krohnsberg
80
kein Personenverkehr
2
Feldsteinscheune
Bollewick
Karchow
Solz
Fincken
4,7
Bütow
Büchergraben
Erlenkamp
Schäferberg
100
Mohrberg
110
Spitzkuhn
Steindamm
Glasberg
A19
14
16

TIPP Im Wald ignorieren Sie das Radschild, es gehört nicht zum Seenweg und daher fahren Sie geradeaus weiter.

An der **B 198** links und kurz darauf wieder rechts Richtung Fincken und Käselin ⇝ **Käselin** durchfahren ⇝ in einer Linkskurve nach Fincken.

Fincken

PLZ: 17209; Vorwahl: 039922

1793 wählte die Familie von Blücher den Ort zum Herrensitz und erbaute hier 1801 das **Schloss**.

Eselhof, Feldstr. 7, ✆ 2640; ÖZ: April-Okt., Mo-So 10-18 Uhr, Kutschfahrten, Eselreiten

Im Ort folgt ein Rechts- und Linksbogen ⇝ dann geradeaus nach Bütow ⇝ an der Straßengabelung in den linken Weg ⇝ über die Autobahn nach Bütow hinein.

Bütow

Im Ort an der Querstraße links nach Röbel und Dambeck ⇝ an der **B 198** links bis zur Ampel, hier über die Hauptstraße und nach **Dambeck** hinein ⇝ im Ort links Richtung Minzow abzweigen.

Minzow

Die „Kron-Eiche", ein eindrucksvolles Naturdenkmal, befindet sich ganz in der Nähe des Forsthofes. Mit einem Umfang von 9,6 m und einer Höhe von 25 m ist die Stileiche der mächtigste Baum in der Gegend um Röbel.

In Minzow geht es weiter nach Röbel ⇝ (9) im Waldstück laut Beschilderung nach links abbiegen ⇝ in den ersten Waldweg schräg rechts ⇝ am Querweg auf der Lichtung rechts ⇝ geradeaus auf dem Rad- und Fußweg weiter ⇝ bei Röbel die L 24 überqueren ⇝ der Radweg führt zum Supermarkt, den Sie umrunden ⇝ dem Radweg folgen bis zur Vorfahrtsstraße, hier nach rechts.

Röbel

INS ZENTRUM Beim Kreisverkehr geradeaus kommen Sie ins Zentrum von Röbel, die Route führt hier jedoch nach links.

Röbel

PLZ: 17207; Vorwahl: 039931

Tourist-Information, Straße d. Deutschen Einheit 7, ✆ 50651

Fahrgastschifffahrt Müritz-Tours Reederei, Am Hafen, ✆ 52797

Müritz Fahrgastschifffahrt, Am Hafen, ✆ 141981

Bahnhofsmuseum

Ausstellung im Turmraum, Nikolaikirche

Nikolaikirche (1280), Marktplatz. Ursprünglich wurde das Chorgestühl 1512 von Mönch Urban für das einstige Kloster geschnitzt. 1519 wurde es in der Nikolaikirche installiert.

St. Marienkirche. Die Kirche wurde 1226 zu Ehren Mariens auf dem alten heidnischen Berg erbaut. Sie zählt zu den schönsten frühgotischen Hallenbacksteinkirchen Mecklenburgs. Vom 58 m hohen Aussichtsturm genießt man einen herrlichen Blick über die Müritz.

Synagoge, Stavenstraße. Das Gebäude steht unter Denkmalschutz und erinnert an die über 200-jährige Geschichte der jüdischen Gemeinde in Röbel, die mit der Deportation der letzten Gemeindemitglieder 1943 endete.

Die typisch mecklenburgische Ackerbürgerstadt besitzt einen hohen Bestand an barocken, sehr farbenfrohen **Fachwerkhäusern** (18. Jh.) und **Backsteingebäuden** (19. Jh.).

- **Rathaus**
- Das **Postgebäude** mit dem Originalbriefkasten befindet sich seit 1886 in der Hohen Straße.
- Die **Holländer-Windmühle** steht seit dem 19. Jh. auf dem Mühlenberg, dem einstigen Standort des Kastells.
- Der **Wasserturm** wurde 1912 als eines der frühen Bauwerke in Stahlbeton-Bauweise errichtet.
- Die **Müritzpromenade** mit ihren traditionellen Bootshäusern lädt zum Flanieren ein.
- **Scheune Bollewick**, Dudel 1, ✆ 52009. Bauernmärkte, Feste und Musik- und Theaterveranstaltungen. Die größte Feldsteinscheune Norddeutschlands (125 m lang, 34 m breit) befindet sich südlich von Röbel. Hier lassen sich Korbmacher und Lehmbauer bei ihrer Arbeit über die Schulter schauen.
- Ein dokumentierter **Stadtrundgang** ist bei der Tourist-Information erhältlich. Dort erhalten Sie auch Auskünfte zu naturkundlichen Exkursionen und anderen Angeboten.
- **Bootsverleih**: Stolschewski, Str. d. Deutschen Einheit 21, ✆ 52317
- **Segeln**: Wasser-Service-Center Röbel, Seebadstr. 37, ✆ 51123
- **Röbeler Segler-Verein „Müritz" e. V.**, Regattahaus, ✆ 59198
- **Naturschutzgebiet „Großer Schwerin und Steinhorn"**. Die einzigartige Grundmoränenlandschaft mit ihren Mooren und Niederungen ist Rastplatz zahlreicher Zugvögel.
- **Seerosenparadies** im Glienholz
- **Müritz-Therme**, Am Gotthunskamp 14, ✆ 51490

Röbel wurde 1217 neben einer slawischen Siedlung gleichen Namens gegründet. 1226 verlieh Herzog Heinrich Borwin II. das Stadtrecht an den neugegründeten Ort.

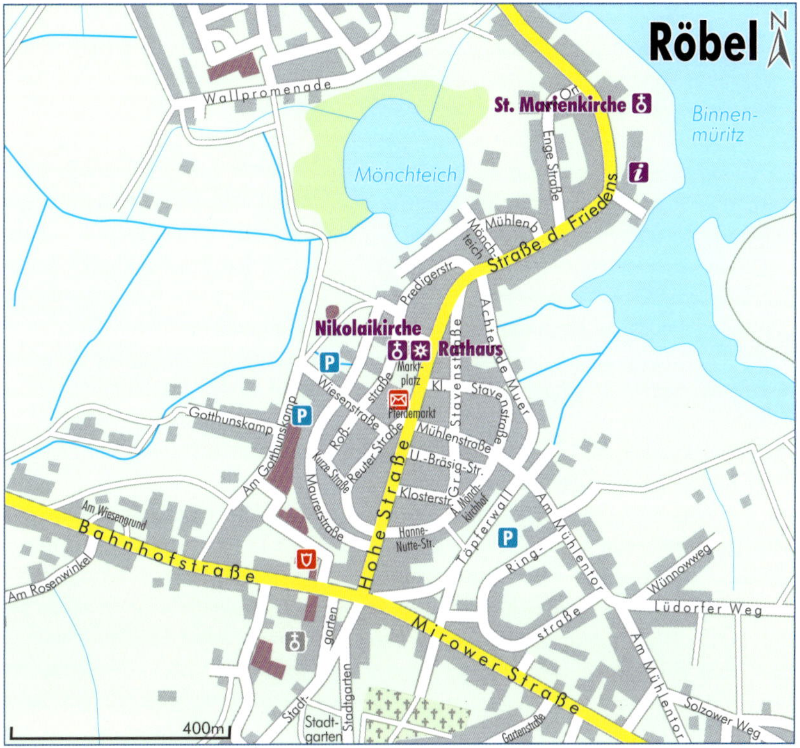

Die heutigen Bezeichnungen Altstadt und Neustadt nehmen auf diese beiden Siedlungen Bezug. Im Mittelalter gehörten beide Stadtteile zu unterschiedlichen Bistümern. Die Altstadt mit der Marienkirche gehörte zum Bistum Schwerin, die Neustadt mit der Nikolaikirche zum Bistum Havelberg. Die Neustadt grenzte sich mit einem Mauerring von der Altstadt ab, von dem heute noch einige Reste erhalten sind. Der heutige Innenstadtbereich lässt noch den spätmittelalterlichen Grundriss erkennen und bildet mit den vielen erhaltenen barocken Fachwerk- und Backsteingebäuden das Modell einer typischen mecklenburgischen Ackerbürgerstadt.

Von Röbel nach Waren 28,5 km

Vom Kreisverkehr in die **Seebadstraße** ⤳ nach rechts Richtung Seglerhafen auf der **Müritzpromenade** ⤳ der Radweg führt um den Hafen herum ⤳ am **Campingplatz** links abbiegen ⤳ an der Kreuzung rechts und durch den Ort Marienfelde ⤳ der Weg geht über in einen Feldweg mit Wiesenstreifen in der Mitte und führt wellig am Ufer der Müritz entlang ⤳ am Asphaltsträßlein bei den Häusern und beim Campingplatz rechts, das Fahrverbot gilt nicht für Radfahrer ⤳ Sie verlassen das Ufer und fahren nach Gotthun.

Gotthun

PLZ: 17207; Vorwahl: 039931

- **Holländer-Mühle.** Die Mühle wurde im Jahre 1810 erbaut und war bis 1965 in Betrieb. Heute steht sie unter Denkmalschutz.
- **Urdolmen.** Das ungefähr 5.000 Jahre alte Großsteingrab ist Zeuge für die frühe Besiedelung des Müritzgebietes.

Die erste urkundliche Erwähnung Gotthuns erfolgte erst im Jahre 1649, damit gehört die Ortschaft zu den jüngsten der gesamten Müritzregion. In den „Gotthuner Schanzen", die eine Befestigungsanlage aus dem Dreißigjährigen Krieg darstellen, fanden 1640 200 Soldaten den Tod.

Das Leben innerhalb des Dorfes wird heute durch Landwirtschaft und Tourismus geprägt. Das Wahrzeichen der Ortschaft ist die Lindenallee. Das kulturelle Zentrum des heutigen Ortes ist das im Jahre 1836 errichtete Gutshaus.

10 Im Ort rechts in den **Wiesenweg** ⤳ von diesem dann links ab auf einen Pfad und parallel zur Hauptstraße ⤳ am querenden Feldweg rechts halten ⤳ direkt unterhalb der Hochspannungsleitung geht der Feldweg in einen Rad- und Fußpfad über ⤳ durch **Zierzow** ⤳ weiter geht es nach Sietow Dorf.

Sietow

PLZ: 17207; Vorwahl: 039931

- **Tourist-Information Röbel**, Straße d. Deutschen Einheit 7, ✆ 50651
- **Kirche** (1344). Nachdem der Kirchturm während eines Sturmes 1760 einstürzte, wurde ein Turmaufbau aus Fachwerk mit einem spitzen Helm errichtet.
- Sehenswert ist die direkt am Ufer der Sietower Bucht gelegene, für die Gegend typische **Siedlung**.
- **Fischräucherei**
- **Bootsverleih Boots Center**, Dorfstr. 20 b, ✆ 8710
- **Bootsverleih, Camping Sietower Bucht**, Dorfstr. 21, ✆ 52068
- **Camping Sietower Bucht**, Dorfstr. 21, ✆ 52068
- **Wohnpark Sietow**, Dorfstr. 20 b, ✆ 8710

VARIANTE: Sie können den unbefestigten Uferweg umgehen, indem Sie nach Sietow fahren und auf dem Radweg entlang der Bundesstraße nach Sembzin radeln.

An der Kreuzung im Ort geradeaus weiter auf Kopfsteinpflaster ⤳ nach Ortsende verzweigt sich der nun unbefestigte Weg, den rechten nehmen ~ ein Rad- und Fußpfad führt in den Wald ~ **11** in **Sembzin** in der Linkskurve rechts den Schildern folgen ~ zum Ufer zurück und nach Klink.

Klink

PLZ: 17192; Vorwahl: 03991

- **Tourismus-Information**, Schlossstr. 1, ✆ 1822722
- **Kirche** (1736-42)
- **Schloss Klink** (1896-98). Das Schloss wurde zusammen mit mehreren Gutshofgebäuden von der Familie von Schnitzler errichtet.
- **Bootsverleih Sun-Sailing**, Schulstr. 7, ✆ 123156
- **Bootsverleih Sail-Point**, Müritz-Hotel, ✆ 141977
- **Naturdenkmal „Jeffreys Kiefer"**. Diese exotische Kiefernart bildet Nadeln bis zu 25 cm und Zapfen bis zu 30 cm Länge aus.
- **Müritz Hotel**, ✆ 141977
- **Huth**, Müritzstr. 4, ✆ 122979

Mit Blick auf das Schloss am Ufer weiter ~ zur Ferienhaussiedlung mit Schiffsanlegestelle ~ immer weiter auf dem gekiesten Radweg ~ an der asphaltierten Querstraße dann links ~ nach dem Parkplatz rechts in den unbefestigten Weg ~ beim Rastplatz an der Wegga-

belung rechts halten ⤳ nach einer scharfen Linkskurve geht es steil in den Wald hinauf ⤳ oben wieder eben dahin ⤳ **12** nach einer Linkskurve an der Kreuzung beim Rastplatz rechts halten ⤳ nun bergab durch den Wald ⤳ kurz vor der Hauptstraße rechts auf den Pfad ⤳ dann entlang der B 192 nach Eldenburg.

Eldenburg

Über die Elde und danach gleich nach rechts ⤳ vor dem Tor links ⤳ beim **Campingplatz** ans Ufer ⤳ auf Höhe der Bierbar rechts halten ⤳ ab dem Wassersportverein wieder geradeaus auf einem Rad- und Fußweg ⤳ beim Querweg zum Bootshafen geradeaus weiter ⤳ über einen Holzsteg, Radfahrer werden aufgefordert hier das Rad zu schieben ⤳ vor dem Privatgelände nach links und an der T-Kreuzung nach rechts ⤳ an der **Gerhart-Hauptmann-Allee** nach rechts auf den straßenbegleitenden Radweg ⤳ es geht dann immer in Ufernähe auf dem gekiesten Weg auf der Promenade weiter ⤳ zur Linken liegt nun das Zentrum und rechter Hand der Hafen, auf der Promenade herrscht buntes Treiben.

Schloss Klink

Waren (Müritz)

PLZ: 17192; Vorwahl: 03991

- **Tourist-Information**, Neuer Markt 21, ✆ 666183, www.waren-tourismus.de
- **Müritz-Nationalparkinformation**, Specker Straße, ✆ 662786, Infos über den **Müritz-Nationalpark**, das **Nationalparkticket** und naturkundliche Führungen.
- **Müritz-Wind Personenschifffahrt**, Strandstraße/Steinmole, ✆ 666664
- **Blau Weisse Flotte**, Strandstr. 3, ✆ 663034
- **Müritz Fahrgastschifffahrt**, Ortsteil Klink, ✆ 141981
- **Müritzeum**, Zur Steinmole 1, ✆ 63368-0, ÖZ: April-Okt., tägl. 10-19 Uhr, Nov.-März, tägl. 10-18 Uhr (24.12. geschlossen). Das Müritzeum bietet mit seiner einmaligen Architektur außergewöhnliche Eindrücke. Im Naturerlebniszentrum können Sie das „Land der tausend Seen" mit allen Sinnen erleben. Die Aquarienlandschaft und ein großzügiger Außenbereich u. a. mit einem Naturlehrpfad, und einem Abenteuerspielplatz laden nicht nur Familien zu einem Besuch ein.
- **Stadtgeschichtliches Museum im Rathaus**, Neuer Markt, ✆ 177137, ÖZ: April-Sept., Mo-Fr 10-18 Uhr, Sa-So/Fei 14-17 Uhr. Richard-Wossidlo-Gedenkraum, Schaumagazin.
- **St. Marienkirche**, St.-Marien-Kirchplatz, **Aussichtsturm**. Mehr als 800 Jahre Architekturgeschichte ließen ein harmonisches Gesamtensemble entstehen.
- **St. Georgenkirche** (1200), St.-Georgen-Kirchplatz
- Rund um den **Neuen Markt** bestimmen das **Neue Rathaus** (19. Jh.) und die typischen **Giebel- und Traufhäuser** (18./19. Jh.) das Bild.
- **Steinmole**
- **Haus des Gastes**. Das Gebäude war ehemals Wohnort prominenter Bürger Warens. Heute beherbergt das denkmalgeschützte Haus neben der **Löwenapotheke** die **Tourist-Information**. Im Obergeschoss finden regelmäßig Veranstaltungen und Ausstellungen statt. ÖZ der Ausstellungsräume: Mai-Sept., tägl., Okt.-April Mo-Fr 10-18 Uhr.
- Das **Nationalparkticket** erhalten Sie bei der **Müritz-Nationalparkinformation** und der **Personenverkehr GmbH Müritz**, Stelitzer Str. 137, ✆ 645-0.

17
Sandkrug
Warenshof
Schwenzin
Tiefwarensee
Melzersee
Waren
(Müritz)
Neu Schloen
Schmachthagen
B192
Schwastorf
Kargow
Godow
Müritzeum
Gerhart-Hauptmann-Allee
Strandstr.
Radfernweg Berlin-Kopenhagen
2,6
Eldenburg
Reeckkanal
6,5
12
Binnenmüritz
Papenberg
Waupacksee
Kargow-Unterdorf
Hofsee
Hinbergsee
Wasserturm
Feisnecksee
Burgwallinsel
Ecktannen
Müritz-Nationalpark-Information
Specker Str.
5
Krummer See
Fischadlerbeobachtung
Federow
Hörspielkirche
Fischadler-Sichtschirm
13
3,6
Nationalpark Müritz
3,5
16
18
192
Schloss Klink
Klink
Moorsee
Jankersee
Warnker See
Kahler Berg
90
2
11
Sembzin
Ziegenberg
75
Schwarzenhof
Rehhof
55

- **Bootsverleih Camping Ecktannen**, ✆ 668513
- **Bootsverleih Barczynski**, ✆ 666690
- **Bootsverleih Schützler**, G.-Hauptmann-Allee 10, ✆ 125917
- **Bootsverleih Kaminski**, An der Reek 15, Eldenburg, ✆ 165794
- **Badestellen**: Müritz (Ecktannen, Volksbad), Kölpinsee, Tiefwarensee, Feisnecksee.
- **öko-mobil-Park**, Am Seeufer 75, ✆ 669407
- **Zweiradhaus Karberg**, Lange Str. 46, ✆ 666080
- **Burau Mobil**, Lloydstr. 2b, ✆ 732550
- **Ohlmeier** Fahrräder, Marktstr. 2, ✆ 664775
- **Camping Kamerun**, ✆ 122406
- **Nationalpark Information**, ✆ 662786 (April-Okt.)
- **Kegelbahn Reschke**, Tiefenwarensee, ✆ 125933

Waren, idyllisch auf einer Anhöhe gelegen, ist ein beliebter Luftkurort, der seit dem Ende des 19. Jahrhunderts Erholungssuchende willkommen heißt.

Die Gründung der Stadt wird Anfang des 13. Jahrhunderts angenommen. 1273 wurde erstmals die Georgenkirche erwähnt.

Waren besteht eigentlich aus zwei Siedlungskernen, der Neustadt rund um die Burg, östlich des neuen Marktes und der Altstadt um die Georgenkirche und dem alten Markt, welche bis

Am Hafen in Waren

1325 zusammenwuchsen. Mehrere Stadtbrände hatten die Verarmung der Stadt zur Folge. Erst ab 1798, mit dem Beginn der Eldekanalisierung, begann der Wohlstand wieder zu wachsen.

Von Waren nach Boek — 21 km

Für die Weiterfahrt auf dem Seen-Radweg geht es am Hafen entlang und über den Parkplatz ⇝ dann kurzzeitig auf die Straße, aber nach dem Hafenbüro beginnt dann rechts der Straße wieder ein Radweg ⇝ am **Nationalpark-Servicehaus** vorbei ⇝ am Ortsende endet der Radweg, es geht auf einer ruhigen asphaltierten Straße weiter ⇝ wenn es links zu einer Gaststätte geht, geradeaus weiter auf einer asphaltierten Straße ⇝ im Wald dem Linksbogen folgen ⇝ **13** an einer kleinen asphaltierten Straße rechts ⇝ nach rund 3,5 km erreichen Sie **Schwarzenhof** mit dem Nationalparkhotel.

Die Müritz

Lange bevor die ersten deutschen Siedler im 12. Jahrhundert nach Mecklenburg kamen, lebten die Witzen, ein slawischer Stamm, an der Müritz. Sie gaben dem größten See den Namen „morczc“, von dem sich der heutige Name der Müritz ableitet, es bedeutet so viel wie „kleines Meer“. Und tatsächlich hat man manchmal auf der Hafenpromenade in Waren, wenn der Wind am Abend auffrischt und die Boote im Hafen auf dem Wasser schaukeln, das Gefühl, am Meer zu sein.

Am Ostufer der Müritz liegt der Müritz-Nationalpark, der sich auf 318 Quadratkilometern bis an die Feldberger Seenplatte erstreckt. Damit ist er der größte der deutschen Nationalparks im Binnenland. Neben den vorherrschenden

Eichen-, Kiefern- und Birkenwäldern gibt es in Niederungen urwaldähnliche Erlenbrüche oder auch Buchenwälder, die bereits seit mehreren Jahrzehnten nicht mehr bewirtschaftet werden. Der Nationalpark ist Rückzugsgebiet für die in Deutschland selten gewordenen See- und Fischadler und Kraniche. Allein 700 Farn- und Blütenpflanzen, 800 Schmetterlings- und 43 Libellenarten zählen zur heimischen Flora und Fauna.

Schwarzenhof

Auf Höhe des Hotels rechts in den unbefestigten Weg im Wald vor der Holzskulptur links auf den Betonplattenweg leicht bergab durch den Wald es geht nun einige Kilometer auf Asphalt- oder Betonplattenwegen und später unbefestigt mitten durch das Kerngebiet des Nationalparks die erste Ortschaft nach dem Nationalpark ist Boek.

Boek

PLZ: 17248; Vorwahl: 039823

Tourismusinformation „Südliche Müritzregion" Rechlin, Müritzstr. 51, ✆ 21261

Fährverbindungen: Müritz Fahrgastschifffahrt, Klink, ✆ 03991/141981

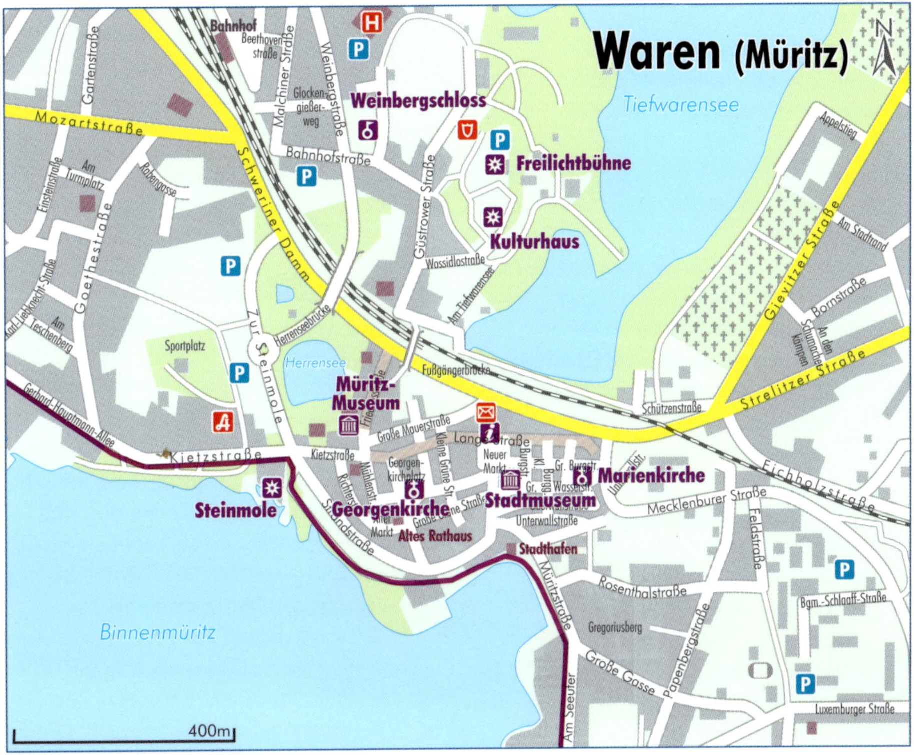

- Neugotische Kirche
- **Gutshaus und Belvedere** im klassizistischen Stil
- **Kutsch- und Kremserfahrten** in den Wildpark Boek mit Beobachtung vieler einheimischer Wildarten ✆ 27088; Freizeittourismus Jägerrast, ✆ 21356
- **Fischer-Rotunde „Bolter Schleuse"**, vielfältiges Angebot rund um den Fisch - vom Angeln, über einen Fischlehrpfad bis hin zu Fischspezialitäten
- **Bootsverleih**: Katamaran- u. Surfmühle, Campingplatz Bolter Ufer, ✆ 21380; Fremdenverkehrsverein, ✆ 21261
- **Müritz-Nationalpark-Information im Gutshaus Boek**, ✆ 21810, ÖZ: Mai-Okt., tägl. 10-17 Uhr. **Ausstellung, Dorfmuseum, Zinn-Miniaturen-Museum und Zinngießerei**. Die beiden Beobachtungstürme zwischen Schwarzenhof und Boek bieten einen Blick auf das Ostufer der Müritz und die Fischadlerjagdgebiete.
- 200 Rothirsche sind im **Wildpark** beheimatet
- **Badestrand Bolter Kanal**
- **Walde**, ✆ 21247
- **Fremdenverkehrsverein**, ✆ 21261

Von Boek nach Mirow *21,5 km*

14 Im Ort beim Platz nach rechts bis zum Ortsteil Boeker Mühle.

Die Müritz

Boeker Mühle

- **Weisse Flotte Müritz**, Anleger am Bolter Kanal, ✆ 039931/51234. Fahrten über die Müritz und nach Waren.
- **Feriendorf Müritzparadies**, ✆ 2530
- **Hotel „Müritzhöh"**, ✆ 21261

Der Radweg führt bis zum Industriegebiet von Rechlin ⁓ hier rechts nach **Rechlin Nord** ⁓ **15** vor dem Industriegelände endet der Radweg, hier nach rechts wenden ⁓ zwischen den Fabrikhallen links in den unbefestigten Weg (am Ende des Zaunes) ⁓ am Parkplatz vom Bootshafen links ⁓ am kleinen See entlang ⁓ an der Querstraße links, zur Linken liegt das **Lufttahrttechnische Museum Rechlin**. Am Kreisverkehr auf dem Radweg nach Rechlin ⁓ in einem Rechtsbogen gleich in die erste Straße **Am Höpen** rechts ⁓ an der T-Kreuzung links und weiter auf der **Fritz-Reuter-Straße** ⁓ am Seglerheim vorbei ⁓ am Ende der Fritz-Reuter-Straße weisen die Schilder nach rechts zum See.

Rechlin

PLZ: 17248; Vorwahl: 039823

- **Tourist-Information**, Müritzstr. 51 (im Haus des Gastes), ✆ 21261
- **Luftfahrttechnisches Museum**, Am Claassee, ✆ 20424, ÖZ: März-Okt., tägl. 10-17 Uhr
- **Klassizistische Kirche**
- **Bootsverleih Kuhnle Tours GmbH**, Boeker Str. 1, ✆ 26666
- **Ferienanlage Yachthafen**, Fritz-Reuter-Str. 52-53, ✆ 20520
- **Tourismusinformation**, ✆ 21261.

Erstmals urkundlich erwähnt wurde die Ortschaft im Jahre 1374. Die Entstehung des Ortes geht auf ein Bauerndorf mit slawischem Ursprung zurück.

Die neuere Geschichte Rechlins, die in den Zwanziger Jahren des 20. Jahrhunderts beginnt, ist eng mit der Luftfahrttechnik verbunden.

Auf einem gekiesten Weg aus Rechlin hinaus

~ um den Friedhof von **Vietzen** herum ~ an der B 198 nach links auf den Radweg, dann auf der Straße weiter ~ **16** hinter den Gleisen rechts abbiegen ~ an der Straßeneinmündung in **Lärz** beginnt linker Hand ein Radweg ~ erst am Ortsende hört der Radweg wieder auf ~ auf der K 3 nach Mirow ~ an der Vorfahrtsstraße links über die Brücke ~ nach der Brücke rechts ~ dem Rechtsbogen der **Mühlenstraße** folgen.

Mirow

PLZ: 17252; Vorwahl: 039833

- **Tourist-Information**, Kavaliershaus Schlossinsel, ✆ 27567
- **Fahrgastschifffahrt/Fährverbindungen**: Mirower Schifffahrtsgesellschaft mbH, Rotdornstr, ✆ 22270, von Mirow nach Rheinsberg
- **Müritz Fahrgastschifffahrt**, ✆ 03991/141981
- **Johanniterkirche** (14. Jh.), Aussichtsturm, Fürstengruft
- **Schloss**. Nach dem Brand auf der Schlossinsel von 1742, bei dem der Witwensitz der Großherzogin Christiane Emilie Antonie von Schwarzenburg-Sondershausen zerstört worden war, wurde das heutige Schloss als neuer Witwensitz errichtet. Das Schloss wird als Museum und Veranstaltungsort genutzt.

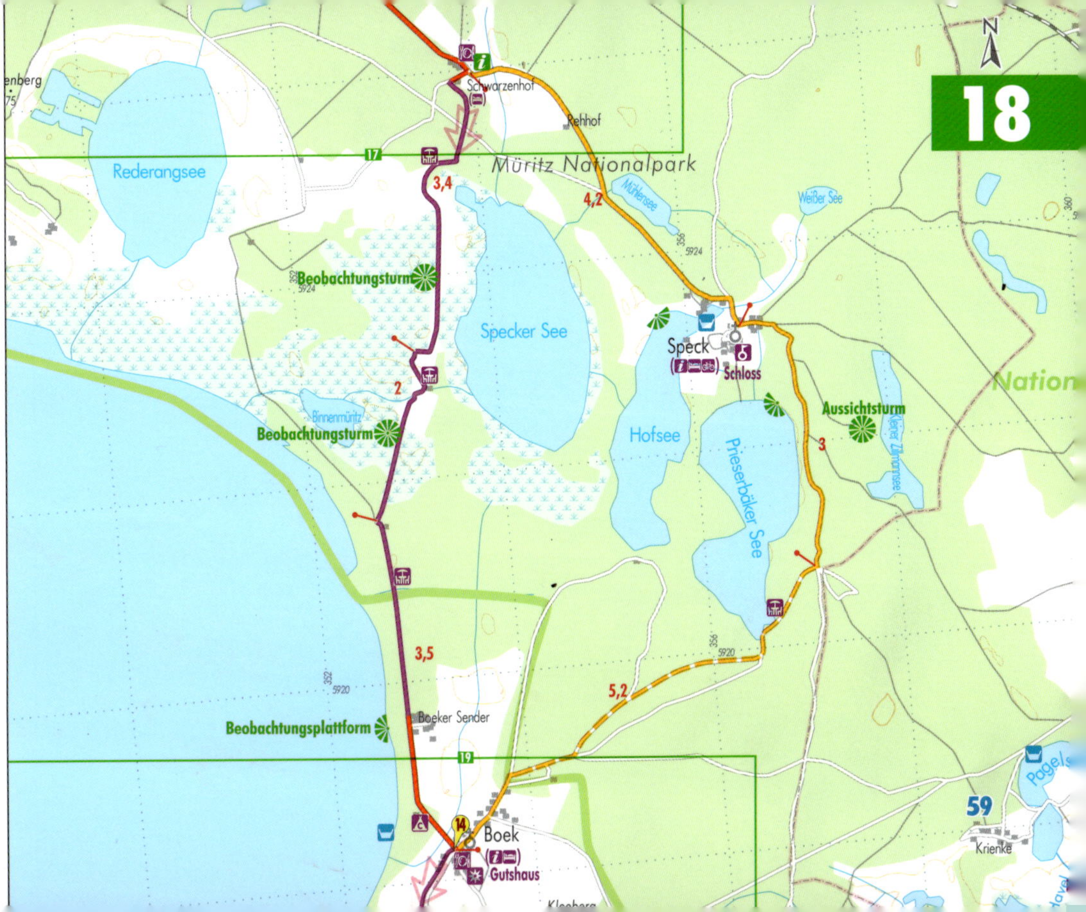

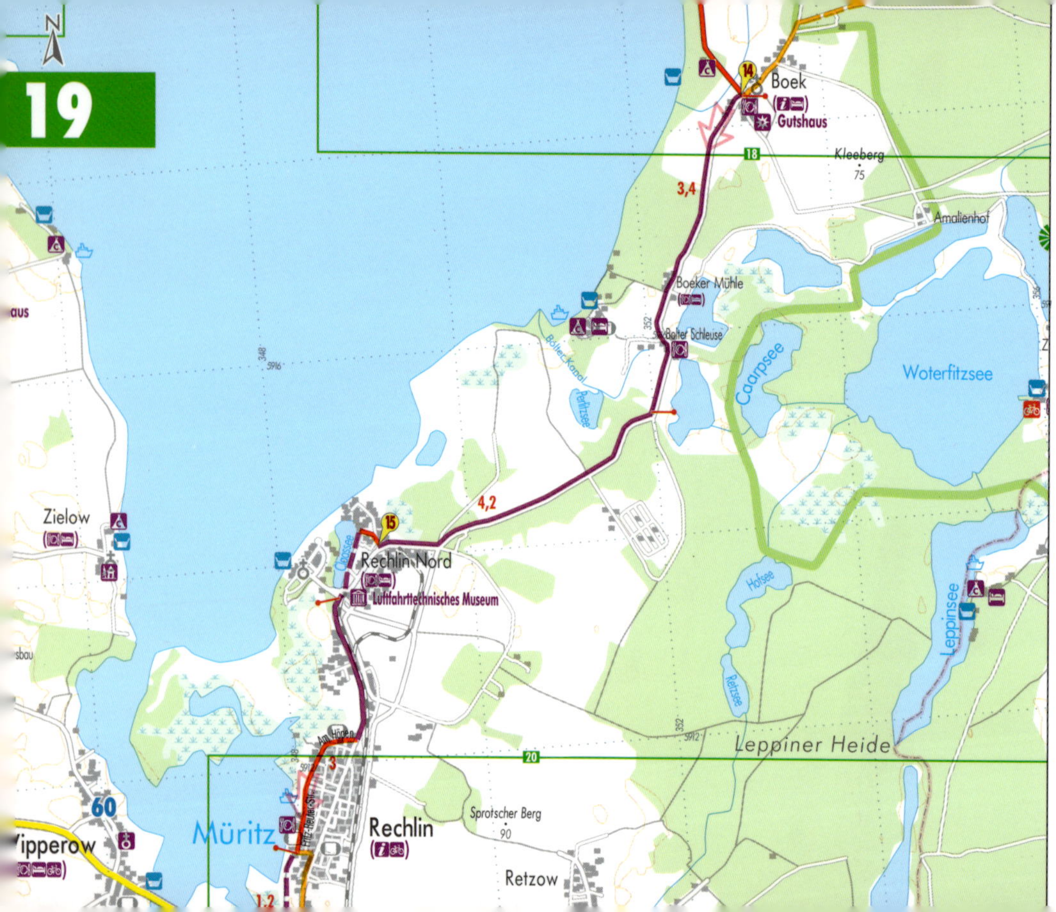

- Auf der **Liebesinsel** befindet sich die Ruhestätte des letzten Großherzoges Adolf Friedrich VI. Die abgebrochene Säule und die sich darum rankende Schlange der Versuchung symbolisieren den frühen Tod und die Umstände (Spionageverdacht), die zum Freitod des erst 36-jährigen Herzogs führten. Zu erreichen ist die Insel vom Schloss aus über eine historische Brücke mit kunstvoll geschnitztem Geländer.
- **Das Torhaus** (1588). Einzig erhaltenes Bauwerk der ab 1564 errichteten Verteidigungsanlagen. Es ist das Wahrzeichen der Stadt.
- Bei der Sanierung der **Gaststätte „Blaue Maus"** wurde das unter dem Putz verdeckte Fachwerk freigelegt. Das Gebäude zählt zu den ältesten Fachwerkhäusern der Stadt.
- **Mirower Torschleuse.** Stündlich öffnen sich die großen Hubtore der Schleuse für den Schiffsverkehr.
- **Bootsverleih Kanustation Mirow,** Retzower Str. 2, ✆ 22098
- **Bootsverleih Strandbad Mirow,** Strandstr., ✆ 22019
- **Bootsverleih Kanu Basis,** Jugendherberge, ✆ 039923/7160
- **Bootsverleih Barz,** Lärzer Str. 6c, ✆ 20872
- **Bootsverleih Kanustation Granzow,** Dorfstr. 1 b, ✆ 21800
- **Bootsverleih Yachtcharter Mirow,** ✆ 26630
- **Angeln**: Angelkarten im Fischereihof Mirow
- **Arboretum Erbsland,** Infos bei der Tourist-Information. Vor über 100 Jahren entstand diese Baumschul-Versuchsanlage mit Baumarten aus Japan, Nordamerika, Südeuropa und dem Kaukasus. Besonders erwähnenswert sind die mächtigen Küstentannen.

Zweirad-Flitzer Kiepert, R.-Breitscheid-Str. 12, ✆ 20519
Kanustation Granzow, Dorfstr. 1 b, ✆ 21800
Kanustation Mirow, An der Clön 1, ✆ 22098
Granzow, Am Strand, ✆ 21800
Hoffmann, ✆ 21179

Von Mirow nach Wesenberg 25,5 km

17 An der Ampel rechts in die **Töpferstraße** (Kopfsteinpflaster) ~ dem Straßenverlauf in einem Linksbogen folgen ~ an der Vorfahrtsstraße geradeaus und über den Schienenstrang ~ der straßenbegleitende Radweg führt bis nach Peetsch.

Peetsch

Im Ort dem Rechtsbogen der Straße folgen ~ auf der K 5 nach **Fleether Mühle** ~ weiter auf der Kreisstraße ~ an der Straßengabelung links zur **Diemitzer Schleuse** und nach Canow ~ beim Gasthof über die Schleuse ~ zwischen zwei Seen hindurch und leicht bergauf ~ danach zweigt nach rechts eine Straße ab, jedoch geradeaus weiter ~ leicht wellig führt die Straße durch den Wald nach Canow ~ an der Vorfahrtsstraße links.

Canow

18 Über die Brücke, am Gasthaus vorbei und danach rechts in die Straße **Am Canower See** ~ nach rund 2 Kilometern unbefestigten Weges inmitten des Waldes nach links abzweigen ~ dieser Radpfad führt zur L 251, diese überqueren.

VARIANTE Aufgrund der schlechten Wegequalität, holpriger Waldweg mit Baumwurzeln, empfiehlt sich an der L 251 nach rechts und gleich wieder links abzubiegen, um Neu Canow zu umfahren.

In Neu-Canow geradeaus weiter.

Neu-Canow

Der etwas sandige Weg geht dann in einen Betonplattenweg über.

TIPP ⚠ Es folgt eine Strecke mit starkem Gefälle, Radfahrer werden gebeten hier abzusteigen.

Dieser Weg führt dann durch ein Waldstück zur K 6 ~ hier links ~ durch die Ortschaft **Seewalde.**

VARIANTE Wer die schlecht befahrbare Strecke zwischen Seewalde und Wesenberg meiden möchte, der sollte in Seewalde auf der K 6 bleiben und auf dieser bis Wesenberg fahren.

19 Nach dem Ort in den ersten unbefestigten Weg nach rechts ~ auf dem gekiesten Radpfad durch den Wald ~ hinter dem Wald kommt Neu-Drosedow.

Neu-Drosedow

PLZ: 17255; Vorwahl: 039828

Bootsverleih: Am Gobenowsee, ✆ 20355

Dem Asphaltband in einer Rechtskurve folgen ~ nach Querung des Kanals auf den gekiesten Radweg in den Wald abzweigen, der wiederum parallel zu einem sandigen Fahrweg führt ~ der Waldweg führt zurück zur Landesstraße 251 ~ an dessen linker Seite weiter auf einem unbefestigten Weg nach Wesenberg ~ zur B 198 und geradeaus ins Zentrum von Wesenberg.

Wesenberg

PLZ: 17255; Vorwahl: 039832

- **Tourist-Information**, Burg 1, ✆ 20621, www.klein-seeplatte.de
- **Mirower Schifffahrtsgesellschaft mbH**, Rotdornstraße, Mirow, ✆ 039833/22270
- **Heimatstube und Fischereiausstellung** in der Burg, ✆ 20621, ÖZ: Mai, Sept., Mo-Fr 10-17 Uhr, Sa, So 10-14 Uhr, Juni-Aug., tägl. 10-18 Uhr, Okt.-April, tägl. 10-16 Uhr
- **Spielzeugmuseum „Villa Pusteblume"**, Burgweg1, ✆ 21305, ÖZ: Ostern-Okt., Mo, Mi-Fr 10-18 Uhr, Sa, So 13-18 Uhr, Nov.-vor Ostern, Mo, Mi-Fr 10-16 Uhr, Sa, So n. V. Private Sammlung. Die liebevoll zusammengetragene Sammlung zeigt altes Spielzeug (Blecheisenbahn, Dampfmaschinen) und mechanische Musikinstrumente (Orchestrion, Grammophone).
- **Gotische Marienkirche**, ÖZ: Juni-Aug., Mo-Fr 10-11 Uhr und 14.30-15.30 Uhr. Hier wird eine sagenumwobene Kette aufbewahrt, die der Teufel persönlich geschmiedet haben soll. Die

Roeder-Orgel (1717) erklingt zu den Messen und zu Sommerkonzerten. Neben dem Kircheneingang steht eine **600 Jahre alte Linde** mit einem Stammumfang von 8 m.

- **Reste der Burgmauer** und der **Fangelturm** (Burgturm) zeugen von der einstigen Burg (13. Jh.) des Stadtbegründers Fürst Nikolaus I. von Werle-Güstrow.
- Auf dem **Marktplatz** wurden 1871 acht Linden symbolisch für acht Ratsherren und eine Kastanie in der Mitte symbolisch für den Bürgermeister gepflanzt.
- **Bootsverleih Werner**, ✆ 20292
- **Bootsverleih Rehfeldt**, ✆ 20430
- **Bootsverleih Kanustation am Hafen**, ✆ 20568
- **Bootsverleih Kanumühle**, ✆ 20350
- **Bootsverleih Westfalen**, ✆ 21305
- **Bootsverleih Hänsch**, ✆ 20335
- **Müritz-Nationalpark**, Führungen unter ✆ 20621. Weitere Infos zum Nationalpark erhalten unter ✆ 20621 oder beim Nationalparkamt Hohenzieritz, ✆ 039824/252-0
- **Findlingsgarten**, Wustrower Chaussee am Ortsausgang
- **Rehfeldt**, Hohe Str. 9, ✆ 20430
- Familotel **Borchard`s Rookhus**, Am Großen Labussee, ✆ 500
- **Ferienpark Pelzkuhl**, Am großen Pälitzsee, ✆ 21349.
- **Fahrradboxen** im Zentrum neben der Sparkasse

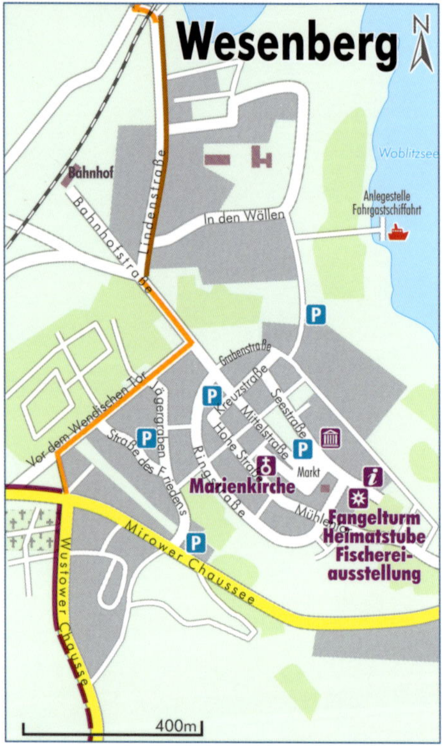

Von Wesenberg nach Neustrelitz 19 km

Für die Weiterfahrt auf der Hauptroute an der **B 198 n**ach links ⇝ **20** an der Bushaltestelle der Beschilderung folgend rechts abzweigen und in den Wald hinein ⇝ über eine Querstraße weiter geradeaus durch den Wald ⇝ über die Gleise ⇝ unten weiter, rechts oben liegt der **Campingplatz** ⇝ am **Großen Weißen See** entlang ⇝ an der Kreuzung mit einer Asphaltstraße geradeaus weiter ⇝ diese kleine asphaltierte Straße führt unweit des Großen Labussees bis zum Romantikhotel ⇝ auf der asphaltierten Straße nach Zwenzow.

Burg Wesenberg

Zwenzow

Die Besiedlung des Gebietes geht 5.000 Jahre in die Vergangenheit zurück. Die Gründung des Ortes Zwenzow erfolgte ungefähr um das Jahr 1000 als eine Fischersiedlung der Wenden. Der Name des Ortes geht auf das wendische Wort „sveca" zurück. Dies bedeutet soviel wie Wohnsitz der heiligen Familie. Um 1350 verfiel der Ort, erst gegen Ende des 18. Jahrhunderts wurde das Gebiet erneut besiedelt. Ab 1881 hat sich der Name Zwenzow endgültig für die Ortschaft durchgesetzt.

Auf dem straßenbegleitenden Radweg rechts nach Useriner Mühle.

Userin

PLZ: 17237; Vorwahl: 03981

- **Vylym-Hütte**, ☎ 204395; ÖZ: Mai-Aug. n. V., Ansprechpartner Hr. Schmidt, Bauernende 18. Vogelkundliche Ausstellung und Tierwelt der oberen Havelseen.
- **Reiten**: Breesenhof, ☎ 203853

Nach der Mühle rechts Richtung Wesenberg und Klein Quassow ~ in der Rechtskurve links abzweigen ~ **21** an der Bahn-Haltestelle links halten (nicht über die Gleise) ~ durch Groß Quassow und weiter Richtung Neustrelitz.

Groß Quassow

PLZ: 17237; Vorwahl: 03981

- **Tourist-Information Neustrelitz**, Strelitzer Str. 1, ✆ 253119
- **Dorfkirche** mit neogotischer Glocke aus dem Jahr 1520.
- **Storchennest**, auf dem Scheunendach der Fam. Maaß, ✆ 204747. Eine „Ahnentafel" gibt genaue Auskunft über Ankunft und Bruterfolg der letzten Jahre.
- Die 600 Jahre alte **Linde** bildet eine wunderschöne Kulisse für eine Rast.
- **Haveltourist GmbH**, ✆ 24790

An der **L 25** rechts ~ nach rund 600 Metern, nach der Brücke in der Rechtskurve links in den unbefestigten Weg ~ an der Weggabelung dann links halten ~ bei der **Schrebergarten-siedlung** wird der Wald verlassen ~ es geht weiter parallel zur Bahnlinie ~ zweimal die Schienen überqueren ~ geradeaus ~ **22** an der **Useriner Straße** links.

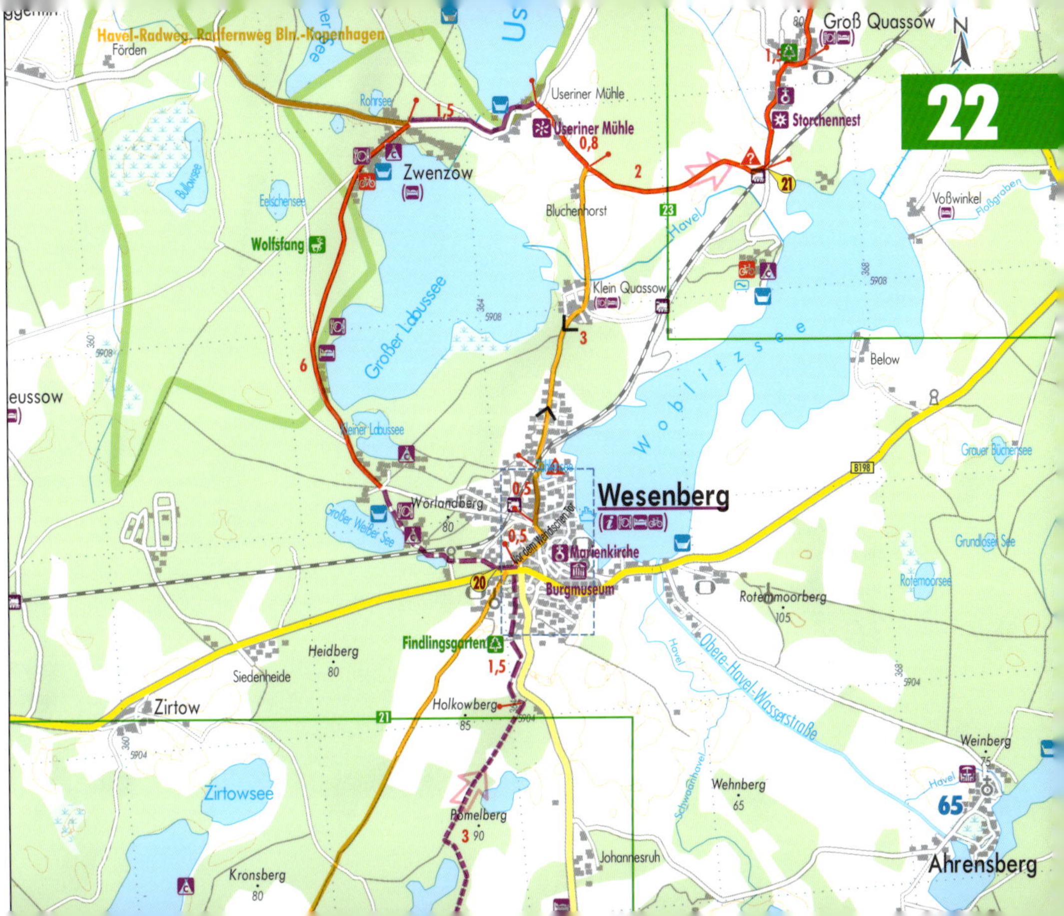

TIPP Einen Rundgang durch den rechts gelegenen Schlossgarten sollten Sie nicht versäumen.

Anschließend weiter geradeaus über die **Seestraße** zum **Markt** ⇝ dann nach rechts durch die **Strelitzer Straße**.

Neustrelitz

- **Tourist- und Nationalpark-Information**, Strelitzer Str. 1, ✆ 253119 (Touristinfo), und ✆ 253106 (Nationalparkinfo Mai - Okt.), www.neustrelitz.de
- **Hafeninformation**, Semmelweisstr. 20, ✆ 262996
- Weitere Infos zum Müritz-Nationalpark erhalten Sie beim **Nationalparkamt Müritz**, ✆ 039824/2520
- **Mirower Schifffahrt**, ✆ 039833/22270, Schifffahrten ab Mole/Stadthafen.
- **Slawendorf – Erlebniswelt am Zierker See**, ✆ 237545 od. 273135, ÖZ: Mai-Sept., tägl., Okt.-April, Mo-Fr 10-17 Uhr, Führungen. Fahrt mit einem Slawenschiff, Aktionstage. Im Slawendorf, eine Nachbildung einer traditionellen Siedlung, werden alte Handwerke gezeigt und können auch selbst ausprobiert werden (schnitzen, töpfern u. v. a.).
- **Museum der Stadt Neustrelitz**, Schlossstr. 3, ✆ 205874, ÖZ: Mai-Sept., Di-So 11-18 Uhr, Okt.-April, Di-So 11-16 Uhr, Regionalgeschichte und Sonderausstellungen.

Neustrelitz – Zierker See

- **Stadtarchiv**, Markt 1, ✆ 253240, ÖZ: Di 9-12 Uhr und 13-18 Uhr, Do 13-16 Uhr, Fr 9-12 Uhr
- **Plastikgalerie Schlosskirche**, F.-W.-Buttelplatz, ✆ 349552, ÖZ: Mai-Sept., Di-So 11-18 Uhr, wechselnde Ausstellungen für figürliche Bildhauerkunst.
- **Schlosskirche**, Hertelstraße. Die Kirche (1855-59), als einschiffige Saalkirche mit freitragender Decke und Empore erbaut, gilt als Meisterwerk des Landesbaumeisters Friedrich Wilhelm Buttel.
- **Stadtkirche**, Markt. Die imposante Kirche entstand zwischen 1768 und 1778. Der markante Turm im toskanischen Stil wurde erst um 1830 nach Plänen von Friedrich Wilhelm Buttel vollendet. Eine Turmbesteigung ist möglich, ÖZ: Juli-Aug., Mo-Fr 10-12 Uhr und 15-17 Uhr, Sept.-Juni zu den Öffnungszeiten des Eine-Welt-Ladens oder nach Absprache mit dem Büro der Stadtkirchgemeinde, ✆ 205542.
- **Theater und Orchester GmbH Neubrandenburg/Neustrelitz**, Friedrich-Ludwig-Jahn-Str. 14, ✆ 2770, Service ✆ 206400
- **Stadtführungen**, Mai-Sept., Sa 10.30 Uhr u. n. V.
- **Schlossgarten** und **Schlossgartenensemble**. Der Schlossgarten wurde 1731/32 von Chr. J. Löwe als typischer Barockgarten mit Figuren und Irrgarten angelegt. Mitte des 19. Jhs. erfolgte die Umgestaltung des westlichen Teils zu einem Englischen Landschaftsgarten nach Entwürfen des Gartenbaudirektors P. J. Lenné. Über 50 verschiedene Baumarten wurden angepflanzt. Darunter seltene Arten wie der Judasblattbaum und die Hemlockstanne. Im Schlossgarten befindet sich die im klassizistischen Stil erbaute Orangerie, heute ein Restaurant. Ein Besuch der Festspiele im Schlossgarten ist im Sommer lohnenswert.
- **Carolinenpalais**, An der Promenade. Das Palais entstand 1850 für die Herzogin Caroline, geschiedene Kronprinzessin von Dänemark. Das Gebäude mit dem Rokoko-Erker erinnert an arabische Bauten und teilweise an die Gotik englischer Burgen.
- **Marktplatz** (1866). Der Markt ist der Mittelpunkt der sternförmigen spätbarocken Stadtanlage (1733), die einmalig in Europa ist. Rund um den Platz stehen die Stadtkirche und das klassizistische Rathaus. Das Rondell mit seinen Wasserspielen lädt zu einer Rast ein.

- In der **ehemaligen Kaserne** befindet sich seit der Sanierung 1998/99 das Einkaufszentrum „Husarenmarkt" und einige Dienstleistungseinrichtungen.
- Die **Luisenstiftung** (1842) ist die älteste Kindertagesstätte Mecklenburgs.
- **Objekte des Kunstrings**: Im Rahmen eines internationalen Künstlerplenairs entstanden rund um den See und in anderen Bereichen des Nationalparks verschiedene Kunstobjekte, wie die „Große Mutter", „Der Turm des Herrn Wu Tao Tse" und die „Ruhezone zwischen Utopie und Katastrophe". Die Kunstwerke sind aus Naturmaterialien entstanden und sollen Werden und Vergehen darstellen.
- **Kulturzentrum Alte Kachelofenfabrik**, Sandberg 3a, ✆ 203145. Seit dem Jahr 2000 ist in der internationalen Jugend- und Künstlerbegegnungsstätte eine Galerie für Gegenwartskunst, ein Kino und eine Kneipe mit Gartenlokal untergebracht.
- **Bootsverleih Wassersportverein Neustrelitz** (Kanuverleih), Zierker Nebenstr. 31, ✆ 204338
- **Bootsverleih Santana-Yachting**, Zierker Nebenstr. 19, ✆ 205896.
- **Tiergarten**, Am Tiergarten 14, ✆ 2044-89/-90, ÖZ: Okt.-April, tägl. 9-16 Uhr, Mai, Sept., tägl. 9-18 Uhr, Juni, Aug., tägl. 9-19 Uhr. Haustiere, Berberaffen, Lamas, einheimische Wildtiere, Streichelgehege, Spielplatz. Das **Hirschtor** besteht seit 1826.

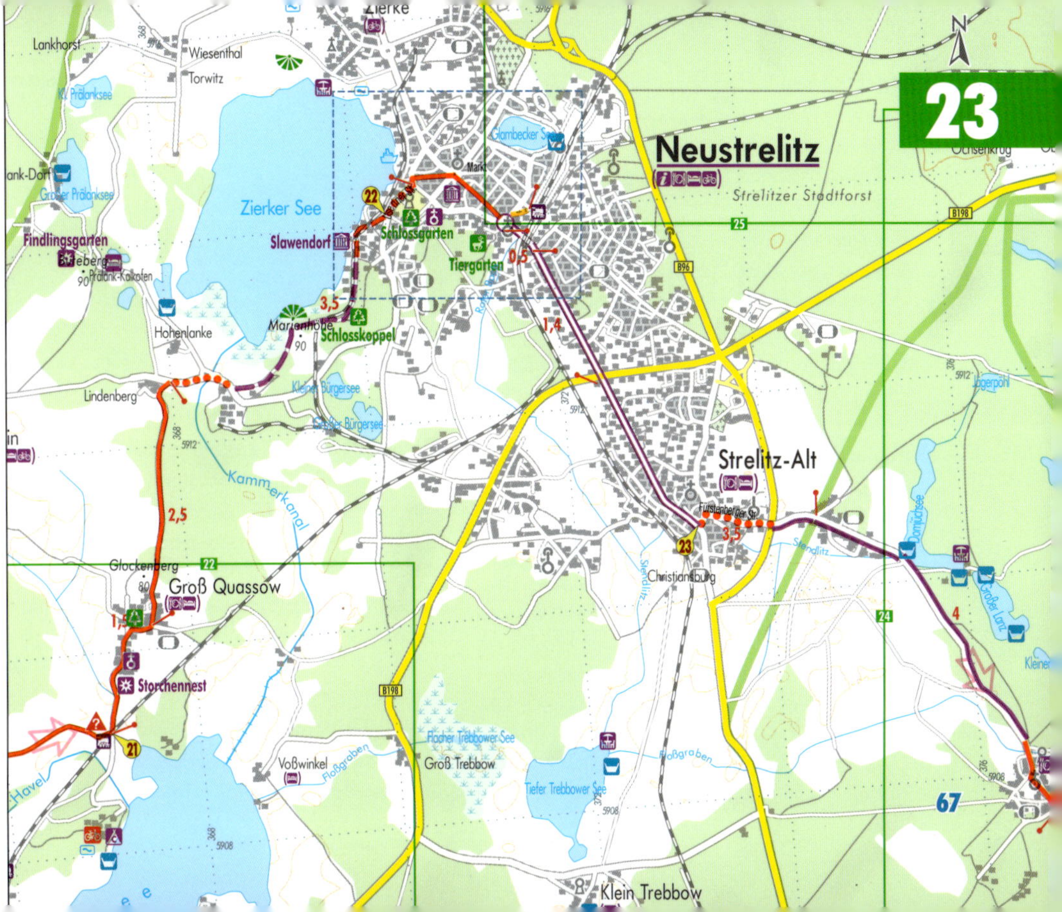

- **Schlosskoppel**. In der waldreichen Parkanlage (1794), die seit Mitte des 19. Jhs. unter Schutz steht, sind über 130 Pflanzen- und 40 Vogelarten beheimatet.
- **Freibad Glambecker See**, ✆ 256988
- **Badestelle Prälank**
- **Fahrradcenter Ballin**, Zierke 36, ✆ 203044
- **Pedal Point**, Strelitzer Chaussee 278, ✆ 441638
- **Stadthafen am Zierker See**, Hafeninformation, ✆ 262996

Zu Beginn des 18. Jahrhunderts kam es wegen Erbfolgestreitigkeiten zur Gründung des Herzogtums Mecklenburg-Strelitz. Der damalige Herzog Adolf Friedrich II. bestimmte Strelitz (heute Strelitz Alt) zur Residenz seines neuen Herzogtums. Nach dem Brand vom 24. Oktober 1712, bei dem die Wasserburg in Strelitz zerstört wurde, verlegte Herzog Adolf Friedrich III. seine Residenz an den Zierker See. Er bezog mit seiner Familie das dortige Jagdschloss, das in den Jahren 1726 bis 1731 nach Plänen von Chr. J. Löwe zum Residenzschloss umgebaut wurde. Verschiedene Umstände verhinderten den Wiederaufbau von Strelitz, so dass sich der Herzog endgültig für die neue Residenz am Zierker See entschloss. Am 20.

Neustrelitz – Schlossgarten

Mai 1733 gründete er das „neue Strelitz" mit der Zusage zahlreicher Privilegien. Wie bereits der Umbau des Schlosses erfolgte der planmäßige Bau der Stadt nach Entwürfen von Chr. J. Löwe. Im 19. Jahrhundert wirkte der Landesbaumeister Friedrich Wilhelm Buttel (1796-1869) im Großherzogtum Mecklenburg-Strelitz. Er prägte mit seinem sehr lokalen Klassizismus, der Stilelemente der Neogotik mit einbezog, die Architektur, die den Charme des heutigen Neustrelitz ausmacht. Von ihm erbaute Gebäude sind z. B. die Schlosskirche, das Hirschtor, das Carolinenpalais und das Rathaus. Außerdem hat er die Orangerie mit Hilfe von Christian Daniel Rauch zu einem klassizistischen Gartensalon umgestaltet.

Aus der Linie der Herzöge Mecklenburg-Strelitz stammten drei berühmte Prinzessinnen. Prinzessin Sophie Charlotte (1761-1818), Königin von England, war die Großmutter von Königin Victoria. Der englische Naturforscher Joseph Banks benannte 1773 die aus dem südlichen Afrika stammende Strelitzie nach der Heimat der von ihm verehrten Königin. 1822 blühte in der Orangerie von Neustrelitz das erste Mal eine Staude auf deutschem Boden. Prinzessin Luise (1776-1810) heiratete 1793 den Kronprinzen Friedrich Wilhelm von Preußen. Als Königin wurde sie wegen ihres Engagements und ihrer Natürlichkeit vom Volk sehr verehrt. Ihr plötzlicher Tod 1810 löste eine tiefe Trauer in Preußen aus. Von Hohenzieritz, wo sie auf dem Sommersitz ihrer Familie verstarb, wurde sie in einem langen Trauerzug nach Berlin überführt. Im Park von Schloss Charlottenburg wurde sie im Mausoleum beigesetzt. Luises Schwester Friederike wurde Königin von Hannover.

Von Neustrelitz nach Carpin 22 km

Am Ende der Strelitzer Straße nach dem Kreisverkehr geradeaus ~ bis nach Strelitz-Alt auf dem straßenbegleitenden Radweg.

Strelitz-Alt

Die Ortschaft ist aus einer slawischen, dann deutsch-dörflichen Siedlung heraus entstanden. Die erstmalige urkundliche Erwähnung erfolgte im Jahre 1278. Schließlich bekam die Ortschaft im Jahre 1349 das Stadtrecht durch die Grafen Otto und Ulrich von Fürstenberg verliehen. In der Zeit der Revolution um das Jahr 1848 herum, war die Ortschaft ein wichtiges Zentrum der liberalen Reformbewegung. Mit der Gründung von Neustrelitz in der Mitte des 18. Jahrhunderts sank Strelitz-Alt zu wirtschaftlicher und politischer Bedeutungslosigkeit herab. 1931 verlor sie als erste Stadt dieser Region ihre Kommunalautonomie.

23 In Strelitz-Alt links in die **Neubrandenburger Straße** Richtung Fürstensee ~ gleich darauf wieder rechts in die **Fürstenberger Straße** ~ am Ortsende beginnt ein Radweg,

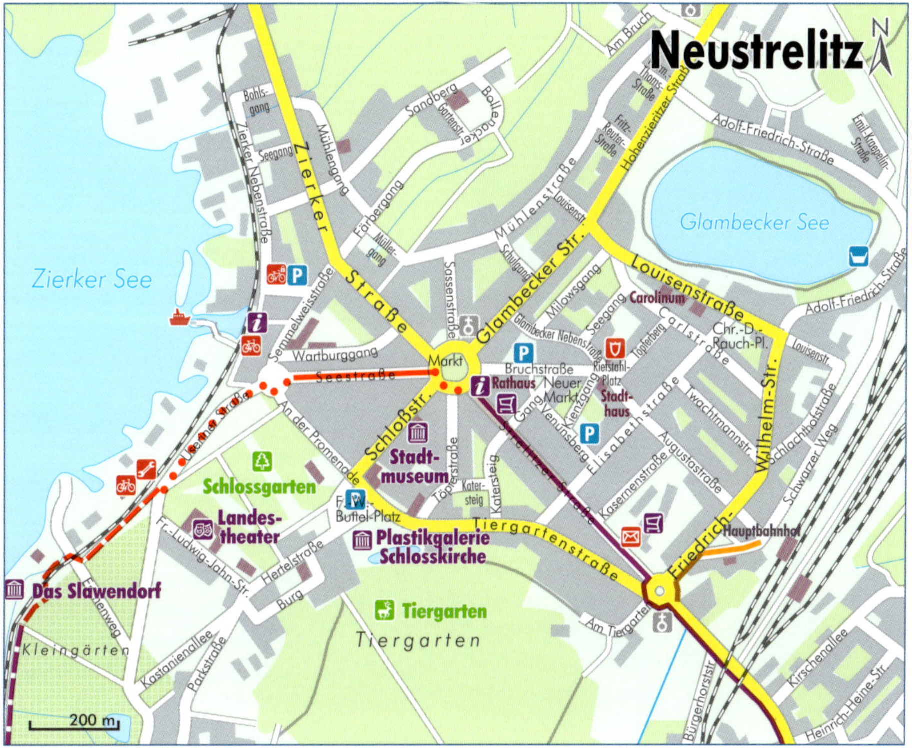

der in Folge auf die linke Straßenseite wechselt und bis zum nächsten Ort führt.

Fürstensee

Dorfkirche (1778/79)

Kunstring am Müritz-Nationalpark: „Baumschleuse"

An verschiedenen Stellen im Müritz-Nationalpark werden Sie auf Objekte des Kunstrings treffen. Die Absicht der Künstler ist es, dem Besucher des Nationalparks einen neuen Zugang zu der einzigartigen Flora und Fauna zu eröffnen. Der (Rad-)Wanderer soll zum Verweilen und Nachdenken angeregt werden, soll seiner Phantasie freien Lauf lassen.

Dem Radweg entlang der K 16 folgen ~ **24** in **Wokuhl** links Richtung Grammertin und dann links nach Herzwolde am Lutowsee entlang.

Herzwolde

Kunstring am Müritz-Nationalpark: „Arche" von A. Weigand

Von Herzwolde auf einem Betonplattenweg nach **Wutschendorf** ~ weiterhin leicht wellig führt die Straße weiter nach Goldenbaum.

Goldenbaum

Kunstring am Müritz-Nationalpark: „Steinzeichen" von M. Flatau

Hier links auf die Vorfahrtsstraße hinauf ~ die **K 30** führt nach Carpin.

Carpin

PLZ: 17237; Vorwahl: 039821

Kapelle mit freistehendem Glockenturm. Die Glocke stammt aus dem Jahr 1717.

Kunstring: „Fee" von S. Domann

Müritz-Nationalpark-Information Serrahn, ✆ 039821/40343; ÖZ: Mai-Okt., tägl. 10-17 Uhr, Ausstellung „Serrahner Waldgeschichten". Im Serrahner Teil des Nationalparks bei Carpin beeindrucken die seit Jahrzehnten nicht mehr bewirtschafteten Buchenwälder. Zu sehen sind neben den Besonderheiten der Natur drei Heckenhäuser.

Von Carpin nach Prillwitz — 24,5 km

Rechts auf die **B 198** ~ **25** auf dieser nur ca. 400 m verweilen, um dann wieder links in die **Lindenstraße** einzubiegen ~ über die Bahnlinie ~ auf der **K 28** über Groß Schönfeld nach Blankensee.

Blankensee

PLZ: 17237; Vorwahl: 039826

Dorfkirche (15. Jh.). Freistehender Glockenstuhl.

Von Blankensee weiter auf der Hauptstraße, der **L 34**.

Wanzka

PLZ: 17237; Vorwahl: 039826

- **Klosterkirche** (1300)
- Reste des **Zisterzienserklosters** (13./14. Jh.), **Klostertor** (14. Jh.)
- Von der **Wanzkaer Mühle** genießt man einen herrlichen Ausblick über den Wanzkaer See.
- **Alte Schmiede**

Immer weiter auf der L 34 über **Neuhof** und **Blumenhagen** teilweise mit starken Steigungen und Gefällestrecken zur B 96 ~ die Strecke ist anstrengend, zeichnet sich aber durch wunderschöne Panoramablicke aus ~ **26** auf den linksseitigen Radweg entlang der **B 96** nach rechts ~ der Radweg endet und Sie nehmen die kleine Straße nach Blumenholz.

Blumenholz

Auf der **Dorfstraße** an die Vorfahrtsstraße, hier nach links wenden ~ nach knapp 500 m wieder rechts ab ~ über Wendfeld stetig bergab nach Prillwitz.

Prillwitz

PLZ: 17237; Vorwahl: 039824

- **Barockes Jagdschloss** (1887-89). Der Landschaftspark reicht bis an die Ufer des Sees heran.
- frühdeutscher **Burgberg**
- **Kormorankolonie** an der Lieps

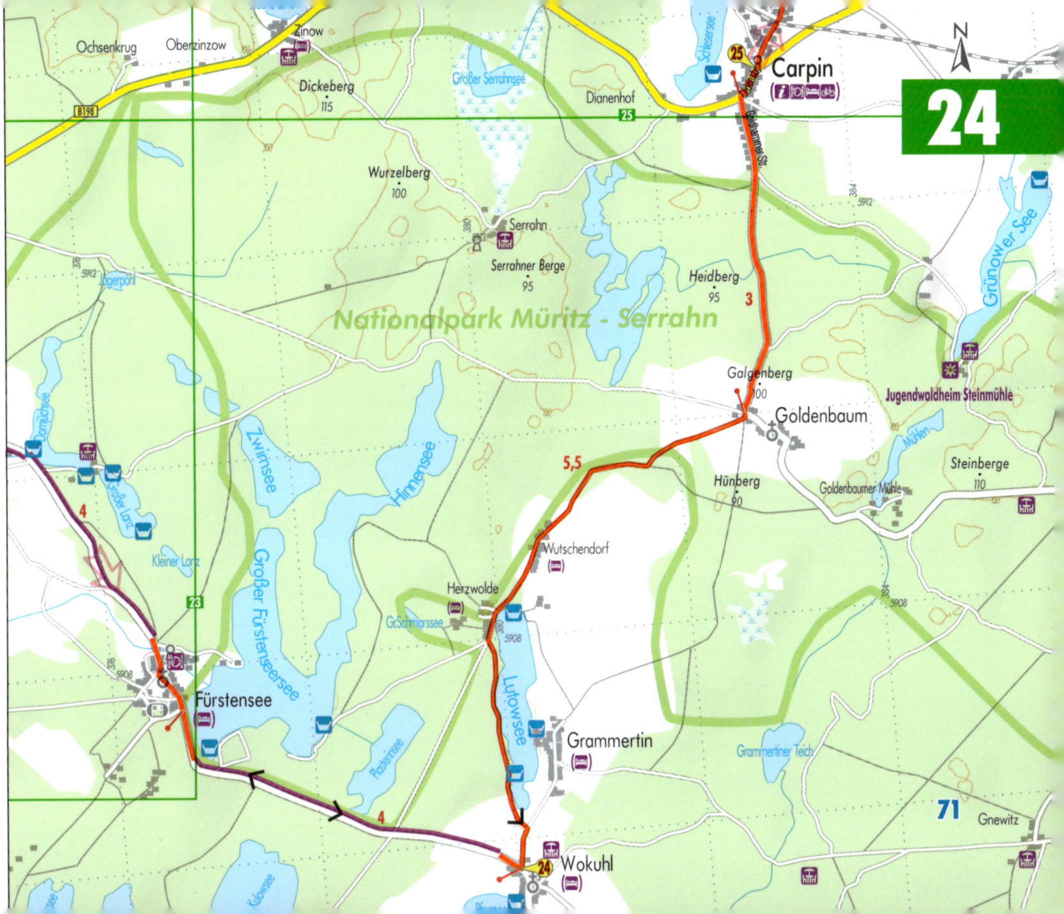

Von Prillwitz nach Neubrandenburg 18 km

Sie verlassen Prillwitz auf der K 10 und durchfahren **Zippelow** ~ **27** nach der Steigung rechts in den Anliegerweg ~ im Wald wird der Weg dann unbefestigt ~ der Radweg führt bis nach **Neu-Wustrow,** hier an der Querstraße links ~ an der nächsten Querstraße geradeaus auf den Radweg ~ durch ein Waldstück und in die hübsche Ortschaft Alt-Rehse.

Alt Rehse

Alt-Rehse

PLZ: 17217; Vorwahl: 03962

Erinnerungs-, Bildungs- und Begegnungsstätte, Am Gutshof 1, ✆ 221123, ÖZ: tägl. 10-18 Uhr. Mitte der 1930er Jahre wurde Alt-Rehse nicht nur zu einem nationalsozialistischen Musterdorf umgebaut, sondern hier entstand eine deutschlandweite einmalige Einrichtung für die ideologische Schulung deutscher Ärzte und im Gesundheitswesen tätigen Menschen. Die Dauerausstellung „Alt Rehse und der gebrochene Eid des Hippokrates" gibt Einblick in eines der dunkelsten Kapitel deutscher Geschichte.

Geschlossenes Dorfensemble. Zu sehen sind 22 reetgedeckte Fachwerkhäuser und der Dorfanger mit Dorfkirche (1889/93).

Lebenspark, alter Landschaftspark zwischen Dorf und Tollensesee.

Das alte Gutsdorf, das sich vom 15. bis ins 19. Jahrhundert im Besitz der Familie von Maltzahn befand, wurde 1934 von den Nazis enteignet und größtenteils abgerissen. Statt dessen wurde ein „Musterdorf" angelegt, das 1938 fertiggestellt wurde. Alle zweiundzwanzig reetgedeckten Fachwerkhäuser sind von gleicher Bauweise und tragen im Querbalken über den Fenstern den Namen eines Verwaltungsbezirkes des Deutschen Reiches, und die Jahreszahl der Erbauung nach der Machtübernahme der Nazis.

Den gesamten Besitz erwarb der Verband der Ärzte Deutschlands (Hartmannbund), der 1936 in der Reichsärztekammer aufging. In dem Schloss und den neu erbauten Gebäuden war die „Führerschule der deutschen Ärzteschaft" untergebracht. Hier wurden Ärzte, Hebammen, Apotheker und Verbandsfunktionäre in der faschistischen Rassen- und Erblehre und der medizinischen Ermordung von Menschen unterrichtet. Nach dem Zweiten Weltkrieg wurde die Anlage unter anderem als Kindererholungsheim zwischengenutzt. Ab 1958 zog die Nationale Volksarmee der DDR ein, und schottete einen großen Teil des Geländes von den Einwohnern ab. Nach der Übernahme durch die Bundeswehr 1989 ging das Gelände nach langem Leerstand in eine zivile Nutzung durch die alternativ lebende Nutzergemeinschaft des Tollense Lebensparks über.

28 Gegen Ortsende in der Linkskurve rechts ~ es geht kurz und steil hinunter ~ in **Alt Meiershof** geradeaus weiter an den Schranken vorbei in den Wald hinein ~ erst

25
Buchberg
Ehrenshof
Wendfeld
Rodenskrug
Ruine Wassermühle
Neuhof
Gerichtberg
Warbe
Hellberge
Friedrichshof
Kronsberg
Wöflelsee
Blumenholz
Blumenholz Nebendorf
Keulenberg
Wanzkaer See
Wanzka
Klosterkirche
Blankensee
Krähenberg
Rollenhagen
Carlshof
Weisdin
Schloss
Mürtzsee
Mittelsee
Blumenhagen
Zechow
Klötzerberg
Friedrichsfelde
Watzkendo
Rödlin
Tannenhof
Wilhelminenhof
Quadenberg
Krebssee
Langer See
Rödliner See
Groß Schönfeld
Schulzenhof
Freischulzensee
Thurow
Rödlin Ausbau
Hoffelde
Heideb
Thurower See
Großer Sumpfsee
Georgenhof
Kleiner Sumpfsee
Ollendo
Flache Zinow
Zinow
Ochsenkrug
Oberzinzow
Neustrelitz
Strelitzer Stadtforst
Dickeberg
Großer Serrahnsee
Schleisersee
Dianenhof
Carpin
Gildebe
B96
B198
7,5
4
1,4
6
73

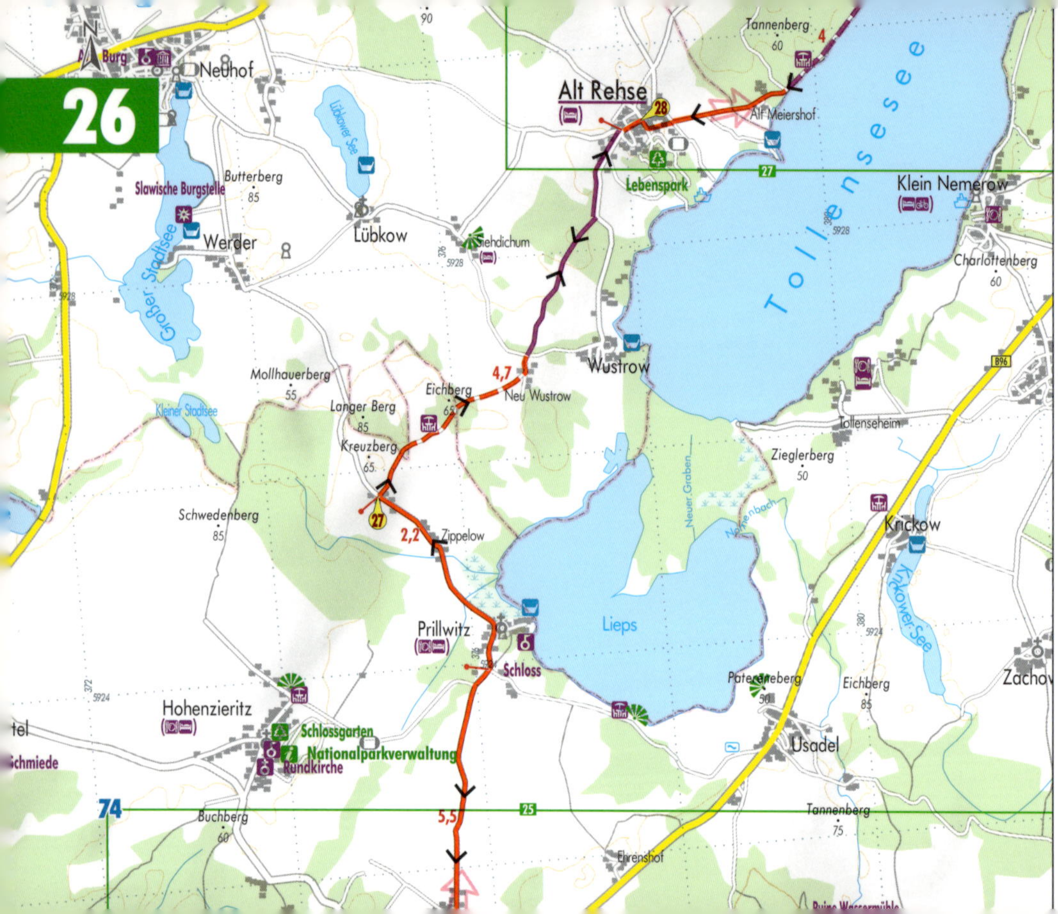

gekiest, dann auf einem Plattenweg bis zum **Campingplatz Gatsch Eck** ~ weiter auf dem gekiesten Randstreifen einer Kopfsteinpflasterstraße ~ in der Linkskurve geradeaus bis zum **Strandbad Broda,** dort macht sich Neubrandenburg erstmals bermerkbar ~ beim **Restaurant Seeperle** rechts zur Uferpromenade ~ Sie kommen zu zwei Brücken ~ **29** links am **Oelmühlenbach** entlang ~ am nächsten Weg rechts ~ auf der Straße rechts in den **Binsenwerder** ~ am **Oberbach** entlang und auf dem Weg geradeaus zur **Rostocker Straße** ~ rechts und dann links in den **Friedrich-Engels-Ring**.

Neubrandenburg

PLZ: 17033; Vorwahl: 0395

- **Stadt Info**, Stargarder Str. 17, ✆ 19433
- **Fahrgastschifffahrt**: Fahrgastschiff „Mudder Schulten", Friedländer Str. 7, ✆ 5841218
- **Linienschiff Neubrandenburger Verkehrsbetriebe**, Warliner Str. 6, ✆ 3500524
- **Kunstsammlung Neubrandenburg**, Große Wollweberstr. 24, ✆ 5551290, ÖZ: Di-So 10-17 Uhr.

Regionalmuseum im Treptower Tor, ✆ 5551271, ÖZ: Di-So, 10-17 Uhr. Ausstellung zur Ur- und Frühgeschichte. Die Ausstellung zur Stadtgeschichte befindet sich gegenüber in der **Vierradmühle**.

Das **Neue Tor** ist der Sitz der Fritz-Reuter-Literaturgesellschaft.

Die **Stadtmauer** umschließt die heutige Innenstadt. Vieles der mittelalterlichen Wehranlage ist nahezu vollständig erhalten: Mauern, Wiekhäuser (Kampfhäuser) und Wälle sowie die vier im 14./15. Jh. erbauten gotischen Stadttore aus Backstein. Der **Fangelturm** ist der letzte erhaltene Turm der Stadtmauer. In einigen Wiekhäusern kann man übernachten, Anfrage im Hotel Weinert.

Johanniskirche

Marienkirche/Konzertkirche. Im Zweiten Weltkrieg fast völlig zerstört wurde sie im Jahr 2001 wieder eröffnet und beherbergt heute einen der modernsten Konzertsäle Deutschlands.

Belvedere, Steilufer des Tollensesees. Heute finden in dem Sommerhaus (1775) von Herzog Adolf Friedrich IV., das in Form eines griechischen Tempels erbaut wurde, Konzertveranstaltungen einen würdigen Rahmen.

Schauspielhaus Neubrandenburg, Pfaffenstraße. Das Kammertheater ist das älteste erhaltene Theatergebäude Mecklenburgs. Es wurde 1787 als Fachwerkbau mit fünf hohen Segmentbogenfenstern erbaut.

- Das klassizistische **Eckhaus** in der Stargarder Straße war zeitweilig das Wohnhaus des Dichters **Fritz Reuter**.
- **Mudder Schulten Denkmal**. Das Denkmal aus Muschelkalk erinnert an die Bäckerin Mudder Schulten, die Herzog Adolf Friedrich IV. die Stirn bot, als dieser ihr wiederholt die Rechnung schuldig bleiben wollte. In Fritz Reuters „Dörchläuchting“ findet diese Geschichte eine humorvolle Erwähnung.
- **Aussichtsturm „Behmshöhe“**, Augustabad. ÖZ: Frühjahr-Herbst. Der Turm wurde 1905 erbaut. Seit der umfassenden Sanierung in den 1990er Jahren ist der Turm wieder ein beliebtes Ausflugsziel.
- **Modellpark Mecklenburgische Seenplatte**, Wilhelm-Külz-Str. 38, ÖZ: April-Okt., tägl. 10-16 Uhr. Freiluft-Miniaturausstellung
- **Brigitte Reimann Literaturhaus**, Gartenstr. 6, ✆ 5719180, ÖZ Ausstellung: Di 10-12 Uhr und 13-18 Uhr, Mi 10-12 Uhr und 13-16 Uhr, jeden 1. Sa im Monat 10-16 Uhr. Im ehemaligen Wohnhaus der Schriftstellerin Brigitte Reimann befindet sich heute das Literaturzentrum Neubrandenburg. In dem Haus finden Veranstaltungen zur Literatur- und Leseförderung statt. Außerdem befindet sich hier auch eine Ausstellung, die Fotos, Schriftsstücke, Möbel und die Bibliothek von Brigitte Reimann zeigt. In einem Archiv befindet sich der Nachlass der Autorin, der der Wissenschaft zur Verfügung steht.

Stadttor in Neubrandenburg

- **Strandbäder Broda und Augustabad**. Beide Bäder besitzen Spiel- und Volleyballplätze, eine Minigolf- und Bocciaanlage.
- **Fahrradhaus Leffin**, Friedrich-Engels-Ring 22, ✆ 581660
- **Wendt**, Katharinenstr. 63, ✆ 5826475

1248 wurde Neubrandenburg gegründet und mit Privilegien ausgestattet. Zusammen mit vier weiteren Städten wurde die Stadt angelegt, um das Land Stargard zu erschließen. Innerhalb weniger Jahre entwickelte sich Neubrandenburg durch das Geschick von Kaufleuten und Handwerkern in eine blühende Stadt. Zum Schutz wurde der ursprüngliche Palisadenzaun durch eine Wehranlage mit Gräben und Wällen ersetzt. Vier Stadttore, die zu Torburgen ausgebaut wurden, sicherten die Zugänge zur Stadt und die Wiekhäuser verstärkten die Wehrhaftigkeit. Noch heute ist das Stadtbild von dieser mittelalterlichen Anlage geprägt, deren Stadttore der Stadt den Beinamen „Stadt der vier Tore“ eintrug.

Die Mecklenburgische Seenplatte

Die Mecklenburgische Seenplatte entstand vor mehr als 20.000 Jahren während der letzten Eiszeit. Die Gletscher und ihre Schmelzflüsse formten eine abwechslungsreiche Endmoränen- und Sanderlandschaft. Dabei entstanden Höhenzüge und zahlreiche Seen, die dem südlichen Mecklenburg den Namen „Land der 1.000 Seen“ gaben. Zu den größten Seen zählen der Müritz und der Plauer See.

Heute ist die Mecklenburgische Seenplatte mit ihren Wäldern, Mooren und Seen eine weite und vielfältige Landschaft, in welcher die Natur auf großen Flächen geschützt ist.

Stadttor in Neubrandenburg

Die Wasserscheide zwischen Ost- und Nordsee verläuft zwischen Klocksin und Alt Schwerin. Sie sorgt dafür, dass beispielsweise Havel und Peene, deren Quellgebiete im Müritz-Nationalpark nur wenige Kilometer auseinander liegen, in unterschiedliche Richtungen fließen. Die Havel fließt über die Elbe in die Nordsee, während die Peene in die Ostsee mündet.

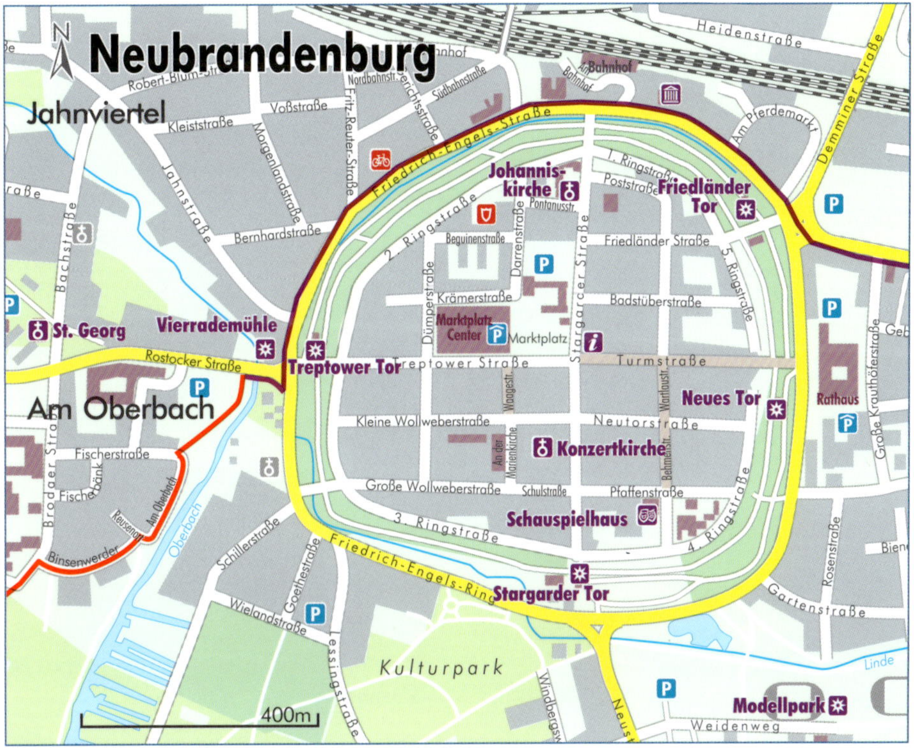

Von Neubrandenburg nach Wolgast

203,5 km

Hinter Neubrandenburg geht es schon Richtung Vorpommern und eine leichte, salzige Brise lässt die Nähe der Ostseeküste erahnen. Ueckermünde am Stettiner Haff ist die erste Küstenstadt. Schließlich wird der Peenestrom überquert und Usedom erwartet Sie, die beliebte Ostseeinsel – ein Ferienparadies der besonderen Art mit seinen königlichen Seebädern Ahlbeck, Heringsdorf und Bansin. Schließlich führt der Seen-Radweg wieder zurück aufs Festland, nach Wolgast – die Stadt am Peenestrom und gleichzeitig wohlverdientes Ziel der gesamten Route.

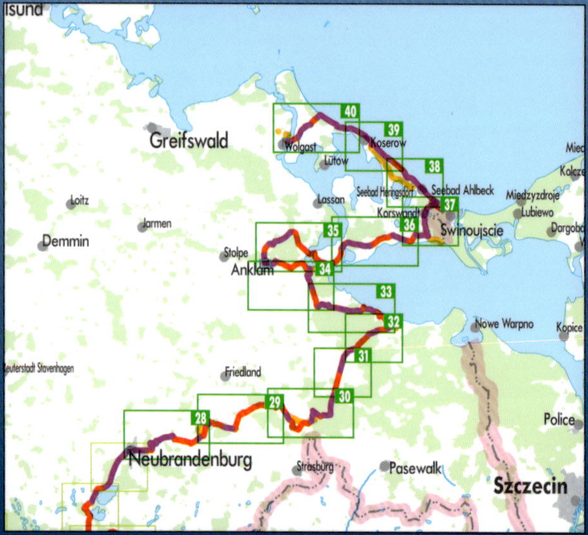

Die Route verläuft auf Wirtschaftswegen, Radwegen und auf Pflasterstraßen. Entlang der Küste und auf Usedom sind die Radwege bestens ausgebaut, nur vor Ueckermünde kommen einige holprige Teilstücke vor. Steigungen erwarten Sie hinter Korswandt, und auf den letzten Kilometern im Wald bis Ahlbeck. An der Ostseeküste gibt es einige Waldwege, die Sie mit starken Steigungen fordern werden.

Neubrandenburg

Von Neubrandenburg nach Galenbeck — 38 km

1 Vom Radweg entlang des **Friedrich-Engels-Ring** bei der riesigen Kreuzung links abbiegen in die **Woldegker Straße**.

TIPP: Hier auf dem Radweg die B 96 überqueren und dann rechts neben der B 104 auf dem Radweg weiterfahren.

Rechts neben der **Woldegker Straße** auf dem Radweg über die Bahn und weiter geradeaus ~ der Radweg wechselt die Seite ~ in **Küssow** links in die **Wiesenstraße** ~ die Bahn überqueren ~ an der Kreuzung schräg rechts ~ in die starke Rechtskurve und nach der nächsten starken Linkskurve ⚠ verschlechtert sich der Zustand des Weges ~ nach ca. 700 m der Rechtskurve folgen ~ noch eine Links-Rechts-Kombination und dann geradeaus bis an die asphaltierte Straße ~ hier rechts nach Warlin.

Warlin

An der B 197 links ~ **2** an der nächsten Kreuzung rechts Richtung Rühlow ~ bergauf in den 3 Kilometer entfernten Ort.

Radweg hinter Neubrandenburg

Rühlow

Die Straße ist gepflastert ~ gleich nach der Kirche links Richtung Liepen und Eichhorst ~ die Straße ist holprig ~ nach 1,5 km beginnt linker Hand ein asphaltierter Radweg ~ auf der Brücke über die A 20 ~ auf dem linksseitigen Radweg nach Liepen.

VARIANTE: Die Kopfsteinpflasterstraße zwischen Liepen und Eichhorst ist mit Gepäck schwer zu befahren. Wenn Sie lieber auf asphaltierter Straße radeln möchten, dann biegen Sie im Ort links ab und folgen der ausgeschilderten Alternativroute.

Liepen

Die erstmalige urkundliche Erwähnung der Ortschaft erfolgte im Jahre 1222 in einer Schenkungsurkunde an das Kloster. Früher nannte man den Ort „Lipy", dies bedeutet soviel wie „Linden", „Lindenbusch" oder „Lindenhain". Im 16. Jahrhundert wurde das Kloster aufgelöst, somit fiel Liepen den Feudalherren zu.

Durch den Ort ebenfalls auf dem Radweg ~ **3** vorbei an einem Teich und an der Gabelung links Richtung Eichhorst ~ nun für 2 km auf einer holprigen Pflasterstraße.

Eichhorst

Am Ortsanfang beginnt zur Linken ein Radweg ~ auf der Dorfstraße durch den Ort ~ kurz vor Ortsende wieder auf Pflaster ~ am Ortsende rechts halten Richtung Jatzke ~ gleich wieder rechts in den Radweg ~ ein gekiester Weg mit einem asphaltierten Radstreifen rechts ~ es geht bergauf und in den Wald ~ auf diesem Weg Richtung Schönbeck ~ kurz aus dem Wald heraus und danach nur mehr auf dem schmalen Asphaltband weiter.

Bergab nach Schönbeck ~ an der Vorfahrtsstraße links.

Schönbeck

4 Nach der Gärtnerei rechts abbiegen von der **L 281** ~ am Rastplatz vorbei ~ in Brohm an der Vorfahrtsstraße geradeaus.

Brohm

Auf der **Schulstraße** im Rechtsbogen und darauf im Linksbogen ~ am Ortsende Richtung Friedrichshof ~ vorbei am **Campingplatz Cosa**, danach links Richtung Wittenborn und Friedrichshof ~ leicht bergauf nach Friedrichshof.

Friedrichshof

An der Gabelung rechts halten ~ auf der **Hangstraße** gepflastert und bergab aus dem Ort hinaus ~ der Weg geht in einen Betonplattenweg über ~ an der Vorfahrtsstraße rechts Richtung Strasburg ~ am folgenden Abzweig links auf die **L 312** Richtung Heinrichswalde ~ **5** nach der Rechtskurve links nach Galenbeck.

Galenbeck

Der Galenbecker See hat eine durchschnittliche Wassertiefe von 40-50 Zentimetern. Damit ist er der flachste der größeren Mecklenburgischen Seen. 1939 wurde der See in das Reichsnaturschutzbuch eingetragen. Trotzdem benutzte das Militär den See als Trainingsziel für Bomberbesatzungen.

1965 wurde der See für intensivste Karpfenhaltung verwendet, dadurch geriet sein natürliches Gleichgewicht außer Kontrolle. Nach Protesten von Naturschützern wurde die Karpfenzucht eingestellt und der See konnte sich wieder erholen. 1993 wurde das Naturschutzgebiet vergrößert, dadurch können auch die umliegenden Moore miteinbezogen werden. Heute ist dieses Naturschutzgebiet von internationaler Bedeutung und gehört zu den größten Mitteleuropas.

Kirche in Galenbeck

Von Galenbeck nach Ueckermünde 39 km

Rechts in die Straße **Zum Fischerhaus** ~ unbefestigt und nach Ortsende verschmälert sich der Weg ~ er verläuft wellig und ist nicht einfach zu befahren.

Rohrkrug

Auf einem Plattenweg an die Vorfahrtsstraße.

VARIANTE: Die beschwerliche Steigung und die schlechte Oberfläche bis nach Neuensund können Sie auf der Kreisstraße umgehen.

Die Vorfahrtsstraße geradeaus queren und weiter auf dem Radpfad – ein Kilometer bis Gehren.

Gehren

PLZ: 17335; Vorwahl: 039772

Stadtkirche St. Michael. An der Stelle der heutigen Kirche befand sich früher eine 1521 erbaute Kirche, in der Johann Michael Bach als Organist tätig war. Die heutige Kirche wurde in den Jahren 1830-34 in klassizistischem Stil erbaut.

Schlossruine. Das Schloss Gehren gelangte 1464 in den Besitz der Schwarzburgischen Dynastie. 1574 erhielt das Schloss durch Anbau des Ost- und Westflügels weitestgehend seine endgültige Form. Genutzt wurde das Schloss Gehren hauptsächlich als Sommer- und Jagdresidenz. 1933 wurde das Schloss durch einen Großbrand

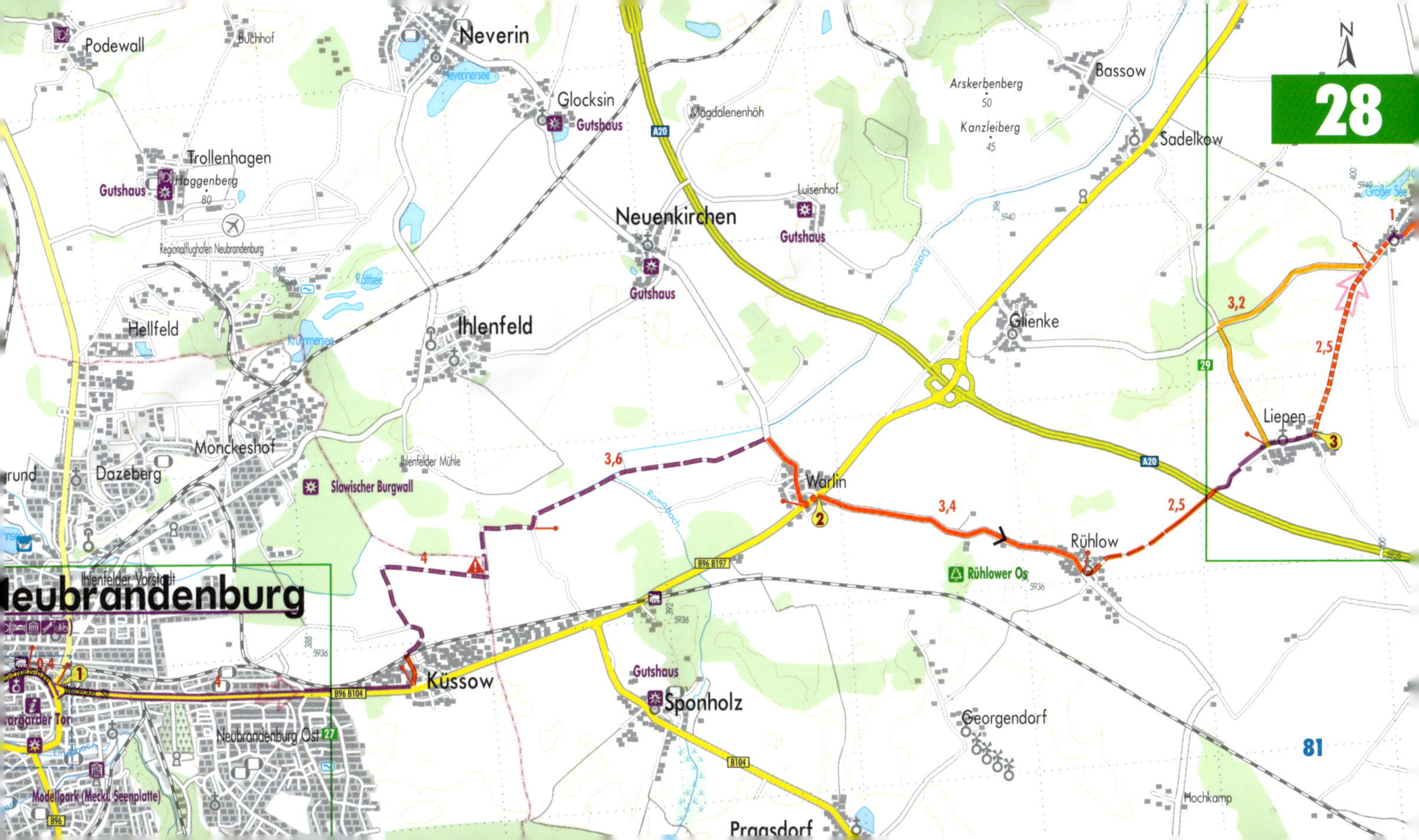

28
Neverin
Podewall
Buchhof
Glocksin
Gutshaus
Trollenhagen
Haggenberg
Regionalflughafen Neubrandenburg
Neuenkirchen
Luisenhof
Magdalenenhöh
Bassow
Arskerbenberg
Kanzleiberg
Sadelkow
Großer See
Ihlenfeld
Hellfeld
Glienke
Liepen
Monckeshof
Dazeberg
Slawischer Burgwall
Ihlenfelder Mühle
Warlin
Rühlow
Rühlower Os
Neubrandenburg
Ihlenfelder Vorstadt
Küssow
Sponholz
Georgendorf
Neubrandenburg Ost
Modellpark (Meckl. Seenplatte)
Hochkamp
Pragsdorf
81

zerstört, die Wiederaufbaupläne scheiterten allesamt. Seit 1997 werden Räumungsarbeiten durchgeführt, um die Ruine wieder öffentlich zugänglich machen zu können. Der Schlosspark wird für Veranstaltungen genutzt.

Der Radpfad mündet in einen Asphaltweg ⇝ geradeaus bis an die Kreuzung bei der Kirche.

ACHTUNG Es folgt ein beschwerlicher Anstieg auf den Fuchsberg. ⚠ Die Route über den Fuchsberg ist gepflastert, also sehr holprig und geht steil bergauf. Bei Regen ist das Pflaster so rutschig, dass es nur möglich ist zu schieben.

An der Vorfahrtsstraße geradeaus ⇝ ab Ortsende auf holprigen Pflastersteinen ⇝ leicht bergab und weiter in der Linkskurve ⇝ nun beginnt ein steiler Aufstieg ⇝ an der Kreuzung links Richtung Neuensund ⇝ nun auf Asphalt bergauf ⇝ es geht auf einer gekiesten Straße mit einem Asphaltstreifen zur Rechten bergab ⇝ in Neuensund an der Vorfahrtsstraße rechts auf den Radweg.

Neuensund

Durch den Ort und am Ortsausgang links in den Wald einbiegen Richtung Schmiedegrundsee ⇝ von diesem gut-befestigten Weg nach

ca. 1 km links abbiegen auf den unbefestigten Weg.

AUSFLUG Geradeaus kommen Sie zum Schmiedegrundsee, falls Sie ein kühles Bad nehmen wollen.

Auf dem Weg gibt es linker Hand hinter der Baumreihe einen gekiesten Radpfad ⇝ über die Kreuzung und in den Wald ⇝ der Radpfad entfernt sich vom Kiesweg ⇝ **6** an der L 311 nach rechts Richtung Rothemühl ⇝ vorbei am Forsthaus ⇝ links hinter den Bäumen verläuft ein schmaler Kiespfad ⇝ auf diesem nach Rothemühl.

Rothemühl

Am Ortseingang beginnt zur Rechten ein Rad- und Fußweg ⇝ an der T-Kreuzung links ⇝ am Ortsende verläuft links parallel zur Straße ein gekiester Weg ⇝ 1 km hinter Rothemühl dem Radschild nach links in den Waldweg folgen ⇝ es geht leicht bergauf und ist nicht asphaltiert.

7 Nach weiteren 4,5 Kilometern um die Schranke herum und weiter auf Asphalt ⇝ geradeaus Richtung Ueckermünde ⇝ auf der Pflasterstraße durch **Eichhof** hindurch ⇝ am Ortsende endet auch das Pflaster.

Auf einer schmalen Allee nach Friedrichshagen und einfach geradeaus hindurch.

Friedrichshagen

Es herrscht mäßiger Verkehr bis an den Ortsrand von Ferdinandshof ⇝ über die Bahn ⇝ danach geradeaus halten, also nicht dem Verlauf der Vorfahrtsstraße folgen ⇝ durch den Ortskern und wieder an der Vorfahrtsstraße geradeaus auf den Radweg.

Ferdinandshof

PLZ: 17379; Vorwahl: 039778

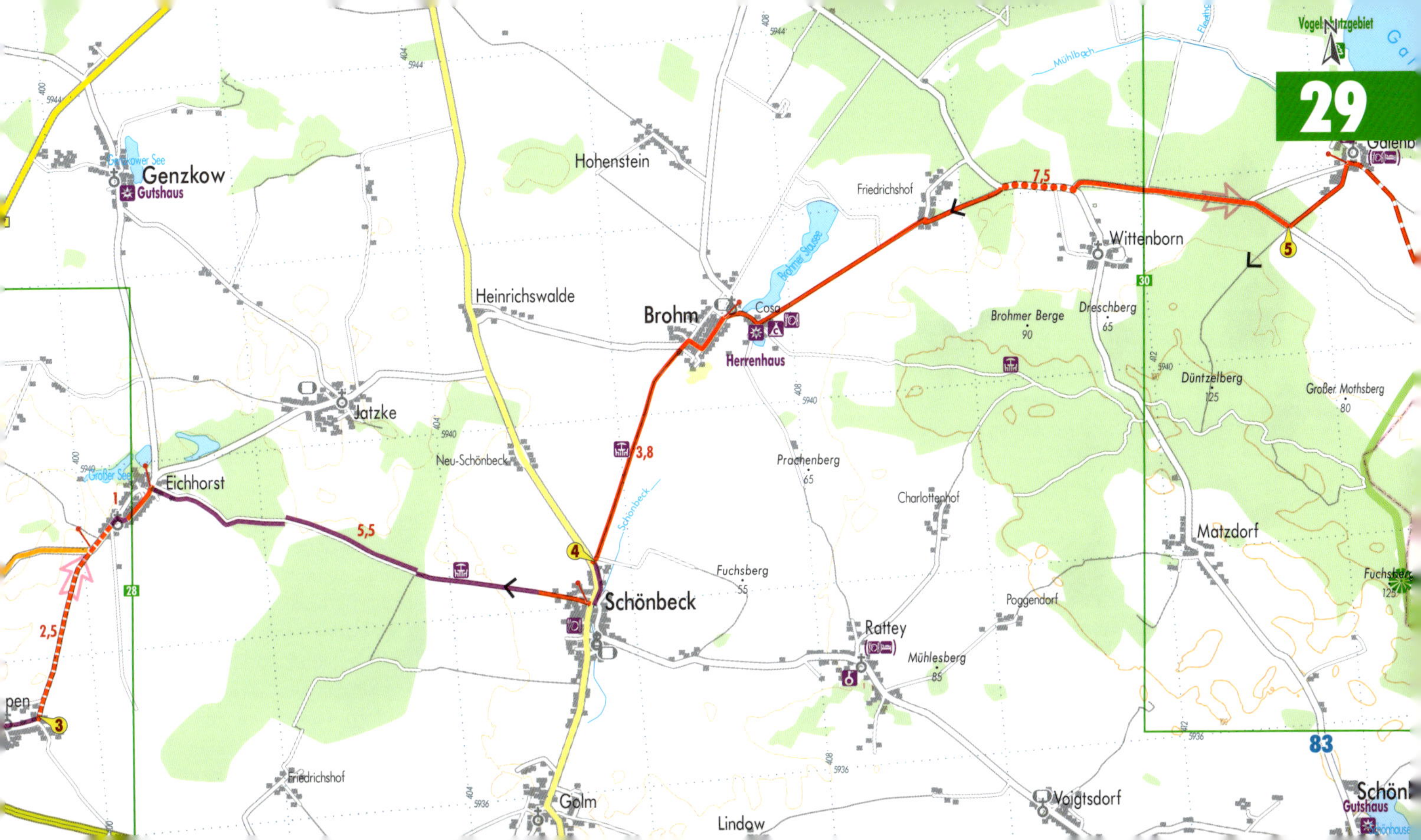
29
Vogelschutzgebiet
Mühlbach
Galenbeck
Genzkow
Gutshaus
Genzkower See
Hohenstein
Friedrichshof
7,5
Wittenborn
5
Heinrichswalde
Brohm
Cosa
Brohmer Stausee
Herrenhaus
Brohmer Berge
90
Dreschberg
65
Düntzelberg
125
Großer Mothsberg
80
Jatzke
Neu-Schönbeck
3,8
Prachenberg
65
Großer See
Eichhorst
1
5,5
Schönbeck
Charlottenhof
Matzdorf
4
Fuchsberg
55
Poggendorf
Fuchsberg
125
28
30
2,5
Rattey
Mühlesberg
85
pen
3
Friedrichshof
Golm
Lindow
Voigtsdorf
Schönbeck
Gutshaus
83

Heimatstube Ferdinandshof, Schulstr. 4, ✆ 22925, ÖZ: Mi 10-16 Uhr u. n. V. In der Sammlung der Heimatstube wird durch kulturhistorische Dinge die Lebens- und Arbeitsweise der früheren Bewohner dokumentiert.

Der Beginn der Entwicklung Ferdinandshofs geht auf einen Vertrag der königlich schwedischen Regierung mit dem Glasmacher Johann Jürgen Gundelach im Jahre 1705 zurück. In dem Vertrag, der eine Laufzeit von zwanzig Jahren hat, sichert Gundelach dem König den Bau einer Glashütte und später die Errichtung einer zweiten zu.

Neben der Glashütte richtete Gundelach ein Ackerwerk ein. Die Bewirtschaftung erfolgte unabhängig vom Glashüttenbetrieb durch einen Landsmann. Es siedelten sich immer mehr Familien an. Gundelach erhielt die Genehmigung zum Bau einer Kirche, die nach ihrer Weihe im Jahre 1726 zum kirchlichen Mittelpunkt des Gebietes wurde. 1736 wollte Gundelach seinen Pachtvertrag nicht mehr verlängern, so übernahm Christoph Ludwig Henrici das Gebiet. Im selben Jahr wurde ein Vorwerk errichtet, dieses erhielt den Namen Ferdinandshof. Vier Jahre später wurde Ferdinandshof durch die Verlegung des Amtssitzes zum kirchlichen und wirtschaftlichen Verwaltungsmittelpunkt. Die beiden Gründer des Ortes wurden nach ihrem Tod in der Scharmützelkirche bestattet.

An der Tankstelle rechts halten ⤳ bei der Ampelkreuzung mit der B 109 diese überqueren und dann links auf dem straßenbegleitenden Radweg weiter ⤳ gleich rechts in den Landwirtschaftsweg/Sackgasse ⤳ mitten auf dem Weg befindet sich ein großer Stein, um den Verkehr abzuhalten ⤳ um diesen herum ⤳ der Weg führt nach Sprengersfelde.

Sprengersfelde

8 Auf Asphalt an der Kreuzung mit der Vorfahrtsstraße geradeaus ⤳ zu Beginn Betonplatten und am Ortsende ein befestigter Landwirtschaftsweg ⤳ auf diesem Weg 3,5 km nach Meiersberg.

Meiersberg

PLZ: 17375; Vorwahl: 039778

Dorfkirche. Im Land der Backsteinkirchen ist die aus Feldsteinen erbaute Meiersberger Kirche eine außergewöhnliche Erscheinung.

Die Gemeinde wurde 1748 gegründet. Der Torgelower Oberforstmeister Meyer holte damals die Genehmigung vom preußischen König Friedrich II. ein, eine Glashütte zu bauen. Der Ort wurde daraufhin mit Kolonisten besiedelt und so entstand neben der Glashütte auch ein Teerofen. Der Ort wurde nach dem Oberforstmeister Meyer benannt.

Geradeaus auf die Vorfahrtsstraße ⤳ starke Linkskurve ⤳ ab Ortsende auf der rechten Straßenseite ein Radweg ⤳ vorbei an einem Rastplatz ⤳ **9** kurz vor der großen Kreuzung mit der K 52, also ca. 3 km hinter Meiersberg, zweigt die Route rechts ab und führt auf dem unbefestigten Forstweg mit Grasstreifen in der Mitte in den Wald hinein.

Bei **Bornkamp** trifft der Weg auf die L 28 und führt nun die letzten Kilometer asphaltiert direkt rechts neben der Straße nach Ueckermünde ⤳ auf dem Radweg geradeaus über die Ampelkreuzung ⤳ auf der Chauseestraße bis an die L 31.

TIPP Sie können Ihre Radroute am Hafen (hier rechts, siehe Stadtplan) von Ueckermünde abkürzen und direkt mit der Fähre nach Usedom/Kamminke fahren. Sie ersparen sich so über 80 Kilometer. Die Reederei Pe-

30
Friedrichshagen
Eichhof
Mühlenhof
Vogelschutzgebiet
Galenbecker See
Burgruine
Galenbeck
Heinrichswalde
Rothemühl
Rohrkrug
Großer Mothsberg
80
Gehren
Neuensund
Schmiedegrundsee
Nettelgrund
Märchen-Waldhaus
Kahler Aschberg
80
Hoher Mittagsberg
75
Tauhenberg
85
Kaspers Berg
115
Lindenberg
70
Sauberg
105
Römerberg
125
Lusthausberg
80
Waldeshöhe
Fuchsberg
85
Fuchsberg
125
tzdorf
berg
Petersberg
95
Klepelshagen
Zieglerberg
Naturerlebnispark Wildtierland
Schanzenberg
slaw. Burgwall
Groß Spiegelberg
Gutshaus
2,8
2,8
1
1,2
0,6
2,4
2,5
1,5
4
5,7
5
6
7
29
31

ters bietet täglich zwei Überfahrten an, nämlich um 8.10 Uhr und 14.50 Uhr.

Mit der Fähre nach Usedom

Kamminke

PLZ: 17419; Vorwahl: 038376

Golm, ca. 800 m nördlich des Ortes. Der Golm ist mit 69 m die höchste Erhebung auf der Insel Usedom. In dem Naturschutzgebiet gibt es außerdem auch einen bronzezeitlichen **Burgwall** und eine **Kriegsgräber-Gedenkstätte** zu sehen.

TIPP Die unten beschriebene Alternativroute auf der Insel Usedom zurück zur Hauptroute finden Sie auf Karte 37.

Vom Hafen in Kamminke fahren Sie nach links in die **Bergstraße** ~ dann nochmal nach links in den Radweg nach Garz, wo Sie wieder auf die Hauptroute treffen.

Ueckermünde

PLZ: 17373; Vorwahl: 039771

Tourist-Information, Altes Bollwerk 9, ☎ 28484, www.ueckermuende.de (bis Herbst 2011 in der Ueckerstr. 96)

Reederei Peters, Altes Bollwerk 2, ☎ 22426, www.reederei-peters.de, Fährzeiten Ueckermünde-Kamminke: täglich um 8.10 Uhr und 14.50 Uhr.

- **Schiffstouren**, Telefonnummern der Reedereien können Sie in der Touristinformation erfragen.
- **Haffmuseum im Schloss**, ÖZ: Di 9-12 Uhr und 13-17 Uhr, Mi-Do 9-12 Uhr und 13-16 Uhr, Fr 9-12 Uhr und 13-15 Uhr, Sa 13-16 Uhr, So 10-12 Uhr und 13-16 Uhr, in den Monaten Okt.-April entfallen die Wochenendöffnungszeiten. Hier kann man die Geschichte der Einwohner im Laufe der Zeit verfolgen. Außerdem gibt es Modelle des Schlosses aus früheren Zeiten und Szenen aus dem Dreißigjährigen Krieg zu sehen.
- **Marienkirche**. Die Kirche wurde 1766 erbaut. Von dem Vorgängerbau von 1593 ist noch ein Teil des Ratsgestühles erhalten. Außerdem sehenswert sind die drei Kronleuchter sowie mehrere große Ölgemälde, die Persönlichkeiten wie Luther und Calvin oder Ravenstein und Clausius zeigen.
- **Pommersches Herzogsschloss.** Das Schloss stammt aus dem Besitz der pommerschen Herzöge. Es ist das letzte erhaltene Schloss dieser Art auf deutschem Boden. Heute befinden sich in dem Schloss das Rathaus und das Haffmuseum.
- Die **Ueckermünder Heide** lädt zu ausgiebigen Ausflügen auf 1062 km ausgeschilderten Radwegen und 443 km Wanderwegen in unberührter Natur ein. 1993 wurde die Odermündung zur „Landschaft des Jahres" gewählt.
- **Tierpark Ueckermünde,** Chausseestr. 76, ☎ 5494-0 od. 5494-10, ÖZ: März-Okt., tägl. 10-18 Uhr. Im Tierpark, der mittlerweile auf

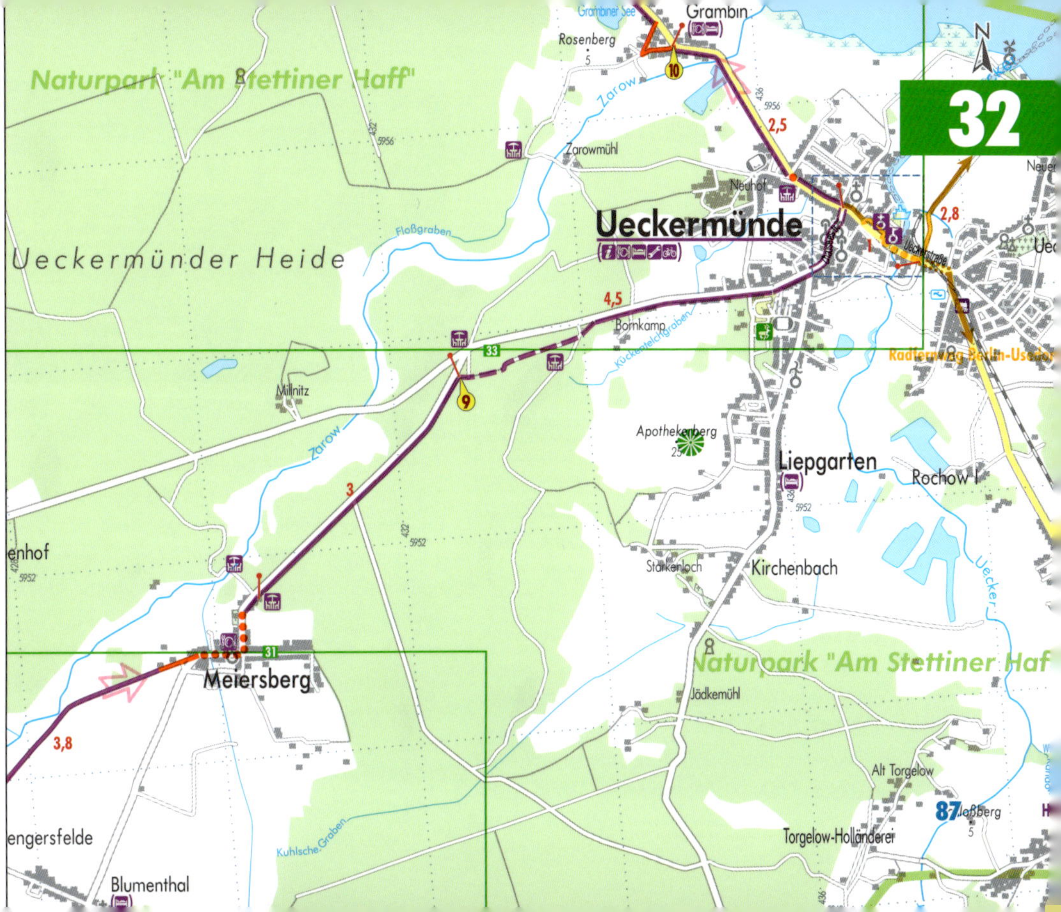

sein 40-jähriges Bestehen zurückblicken kann, befinden sich über 400 Tiere aus 100 verschiedenen Arten. Die Gehege sind naturnah gestaltet, einige können sogar von den Besuchern betreten werden.

- **MTM Fahrradverkauf-Reparatur-Verleih**, Ueckerstr. 122, ✆ 59844 od. 0172/2721424
- **MEK Service GmbH**, Chausseestr. 40, ✆ 54414
- **Ziemke**, Dorfstr. 50, Ortsteil Bellin, ✆ 23352
- **Sport-Fahrrad Weber**, Ueckerstr. 122, ✆ 59844, Pannentelefon ✆ 0172/2721424

Die Stadt Ueckermünde kann mittlerweile auf eine über 750-jährige, bisweilen sehr spannende, Geschichte zurückblicken. Die vielen Backsteinhäuser weisen darauf hin, dass die Ziegelindustrie sehr bedeutend für die Einwohner der Ortschaft war. Die erste urkundliche Erwähnung Ueckermündes geht auf das Jahr 1178 zurück. 1260 entstand hier ein Kloster und außerdem erlangte man das Stadtrecht. Ungefähr zur gleichen Zeit wurde auf einem Hügel am Ufer der Uecker eine Burg errichtet. 1546 ließ der Herzog von Pommern Philipp I. anstelle der Burg ein Renaissance-Schloss erbauen, das heute noch über der Uecker thront.

Im Jahre 1468 konnte der Ort einer Belagerung der Brandenburger standhalten, allerdings wurde er 1473 durch einen Blitz in Schutt und Asche gelegt. 1624 forderte die Pest viele Opfer. 1631 brach der nächste Schicksalsschlag über die Stadt herein: Ein Feuer zerstörte 40 Häuser, unter anderem auch das Rathaus. Alle alten Dokumente und Urkunden, die von der Entstehung der Stadt zeugen, sind vernichtet worden. 1639 gab es nur noch 10 bewohnbare Häuser.

Die Haupterwerbsquelle der Stadt war über Jahrhunderte die Fischerei. Ueckermünde blieb Hafen und Festung. Zu Beginn des 19. Jahrhunderts waren mehrere größere Werften in Ueckermünde angesiedelt. Allein 102 hochseetüchtige Segelschiffe wurden hier in den Jahren 1781-95 vom Stapel gelassen.

Im 19. und 20. Jahrhundert kam es durch Kahnschifffahrt, Ziegel- und Eisenindustrie zu einem industriellen Aufschwung. Im Jahre 2001 wurde Ueckermünde zum staatlich anerkannten Erholungsort ernannt.

ANSCHLUSS In Ueckermünde treffen Sie auf den **Oder-Neiße-Radweg** und den **Radfernweg Berlin-Usedom**.

33
STETTINER HAFF
Bugewitz
Mühlgraben
Mitteltorfkanal
Osttorfkan
Bugewitz I
Hoheheide
Leopoldshagen
Heimatstube
Bahnhofstraße
Kreuzgraben
Fischerstube
Mönkebude
Am Mühlenberg
Grambin
Grambiner See
Rosenberg
Zarow
Zarowmühl
Neuhof
Naturpark "Am Stettiner Haff"
Ueckermünde
Ueckermünder Heide
Floßgraben
Bornkamp
Kurtshagen
11
10
89
34
32
4
4,7
4,2
2,5
4,5

Von Ueckermünde nach Anklam *34 km*

An der L 31 links abbiegen auf den straßenbegleitenden Radweg Richtung Mönkebude ⤳ ab dem Rechtsbogen der Vorfahrtsstraße beginnt zur Linken ein Rad- und Fußweg ⤳ dieser führt bis nach Grambin.

Grambin

PLZ: 17375; Vorwahl: 039774

Haff-Hotel, Dorfstr. 67, ✆ 20392

Die erste urkundliche Erwähnung der Ortschaft Grambin geht auf das Jahre 1451 zurück. Von 1637 bis 1657 befand sich die Ortschaft unter schwedischer Herrschaft. Noch heute deuten die vielen erhalten gebliebenen Fachwerkhäuser auf die Verbundenheit der Menschen mit der vorpommerschen Geschichte hin. Nach dem Dreißigjährigen Krieg nahm der Handel neben der Fischerei und der Landwirtschaft einen immer größeren Stellenwert ein. Heute ist Grambin auf Grund seiner günstigen Lage ein beliebter Urlaubsort geworden.

Auf einer Radlerbrücke über den Fluss **Zarow** ⤳ **10** in der Rechtskurve geradeaus in den Dorfkern ⤳ hier rechts wieder zur Hauptstraße zurück und auf dieser links weiter ⤳ vor Mönkebude wechselt der Radweg die Straßenseite ⤳ der Weg entfernt sich von der Straße ⤳ asphaltiert führt er nun nach Mönkebude ⤳ geradeaus auf dem rot-gepflasterten Weg **Am Mühlenberg** ⤳ weiter auf der **Haffstraße** an der Touristinformation vorbei ⤳ am Ende der Straße nach links ⤳ am Strandpark vorbei.

TIPP: Hier rechts kommen Sie zum Yachthafen und zum idyllischen Badestrand von Mönkebude, der ideale Ort für eine kleine Rast.

TIPP: Am Hafen von Mönkebude haben Sie die Möglichkeit, Ihre Radtour abzukürzen und direkt entweder mit einem historischen Zeesboot (Alwin Harder ✆ 0172/3125388) oder mit dem Wassertaxi (✆ 0173/9111017) nach Usedom zu fahren.

Mönkebude

PLZ: 17375; Vorwahl: 039774

- **Touristikinformation**, Am Kamp 13, ✆ 20323, www.moenkebude.de
- **„Fischerstube"-Heimatmuseum**, ✆ 20323, ÖZ: Mai-Sept., Di, Do, Sa 14-16 Uhr u. n. V.
- **St. Petri-Kirche**
- **Strandhalle.** Durch ihre idyllische Lage am Strand gehört die Strandhalle zu einem der Anziehungspunkte des Dorfes.
- **Strandpark** Mönkebude, ✆ 0162/4799943
- **Touristikinformation**

Die idyllische Gemeinde Mönkebude kann auf eine mehr als 750-jährige Geschichte zurückblicken. Sie hat sich vom Fischer- und Schifferdorf zu einem beliebten Bade- und Erholungsort entwickelt.

Nach links in die **Alte Dorfstraße** ⤳ im Linksbogen an die Vorfahrtsstraße, diese geradeaus

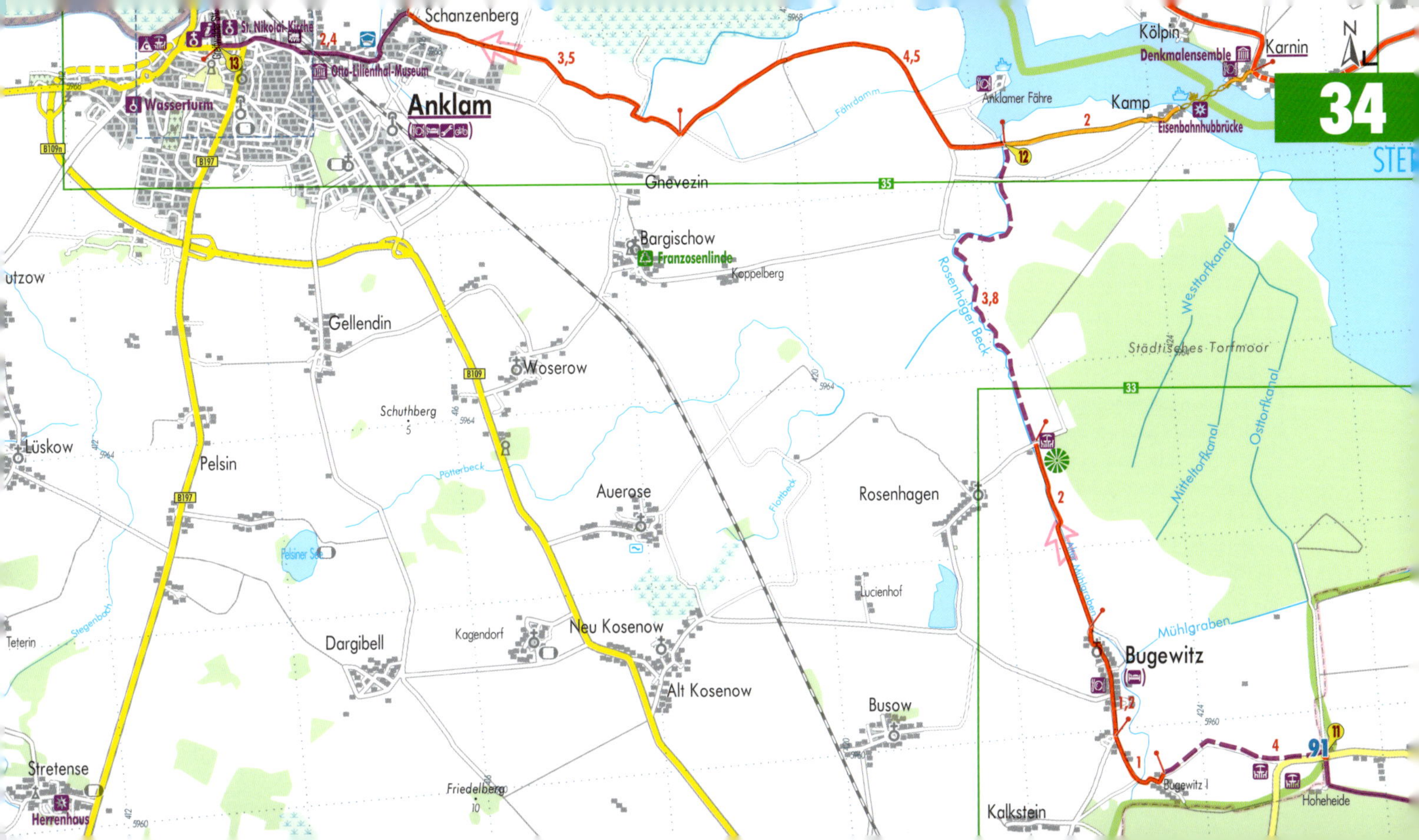

Schanzenberg
St. Nikolai-Kirche
2,4
3,5
4,5
Kölpin
Karnin
Denkmalensemble
Otto-Lilienthal-Museum
Wasserturm
Anklam
Anklamer Fähre
Kamp
Eisenbahnhubbrücke
2
12
13
34
STET
Gnevezin
35
Bargischow
Franzosenlinde
Koppelberg
Fährdamm
utzow
Gellendin
Rosenhäger Beck
3,8
Westtorfkanal
Städtisches Torfmoor
Woserow
Schuthberg
5
B109
B109n
B197
33
Mitteltorfkanal
Osttorfkanal
Lüskow
Pelsin
Pötterbeck
Flottbeck
Auerose
Rosenhagen
Pelsiner See
Alte Mühlgraben
Mühlgraben
Lucienhof
Teterin
Stegenbach
Dargibell
Kagendorf
Neu Kosenow
Bugewitz
Alt Kosenow
1,2
Busow
11
4
91
1
Stretense
Friedelberg
10
Bugewitz I
Hoheheide
Herrenhaus
Kalkstein

überqueren ⇝ links vorbei an der weißen Kirche ⇝ auf dem unbefestigten Forstweg geradeaus in den Wald hinein und gleich wieder rechts in den schmalen Pfad ⇝ dieser führt zur Straße hin ⇝ nun immer in der Nähe der **L 31** auf dem Kiesweg bis nach Leopoldshagen.

Leopoldshagen

PLZ: 17375; Vorwahl: 039774

Fachwerkkirche. Die Fachwerkkirche wurde in der Mitte des 18. Jhs. erbaut. Besonders sehenswert an der Kirche ist der spätbarocke Kanzelalter.

Heimatstube Leopoldshagen, Dorfstr. 15, ✆ 20908, ÖZ: nur n. V. Die Heimatstube gibt Zeugnis von der 250-jährigen Geschichte der Ortschaft. Besonders beschäftigt sie sich mit den Themen Landwirtschaft, Fischerei und einigen Handwerken im Wandel der Zeit.

Die Ortschaft wurde von 1748-49 auf königlichen Befehl Friedrichs II. als Kolonie gegründet. Seinen Namen erhielt der Ort zu Ehren des Fürsten Leopold Moritz von Anhalt-Dessau. Leopoldshagen ist ein typisches Angerdorf. Die ungewöhnlich breite Hauptstraße war als preußische Handelsstraße konzipiert.

Hinter den Häusern an der Ortschaft entlang ⇝ wieder auf Asphalt und geradeaus weiter auf der **Bahnhofstraße** ⇝ der befestigte Weg endet, hier links halten und auf den unbefestigten Weg ⇝ wieder links an der Gabelung in den Wald hinein ⇝ ein Rechtsschwenk und nun geradeaus durch den Wald bis **Hoheheide**, hier rechts ⇝ **11** an der Vorfahrtsstraße nach links ⇝ zur Rechten gibt es einen unbefestigten Weg neben der Straße ⇝ vorbei an einem Rastplatz ⇝ in der Linkskurve der Straße rechts abbiegen in Richtung Bugewitz, zur Rechten weiterhin der Kiesweg, um der Pflasterstraße auszuweichen.

Bugewitz I

An der Vorfahrtsstraße nach rechts ⇝ auf der asphaltierten Straße über die Brücke und direkt auf Bugewitz zu ⇝ an der Vorfahrtsstraße geradeaus.

Bugewitz

In Bugewitz rechts Richtung Anklamer Fähre ⇝ an der Gabelung vor der Kirche links halten ⇝ über eine Brücke und weiter auf einer schmalen Asphaltstraße ⇝ es geht am Wasser entlang ⇝ vorbei an einem Rastplatz mit Aussichtsturm ⇝ geradeaus auf dem Radweg Richtung Anklam und Usedom ⇝ der Weg ist nicht asphaltiert und führt an der Rosenhager Beck entlang ⇝ der Weg wird schmaler ⇝ an der Kreuzung mit der alten Betonplattenstraße Richtung Kamp geradeaus weiter, um die Absperrung herum ⇝ **12** an der nächsten Kreuzung mit der neuen Straße biegen Sie links ab und überqueren den Fließ.

VARIANTE: Von Kamp können Sie die Route um etwa 34 Kilometer abkürzen und mit der Fähre nach Karnin übersetzen.

Kamp

Fähre Kamp-Karnin, Fährmann Christof Reimann (Wasserwanderrastplatz, Tel. 0177/2834504), Betriebszeiten: Mai-Okt., tägl. von 11-17 Uhr.

Auf der Hauptroute an der folgenden T-Kreuzung rechts ⇝ dem etwas holprigen Spurplattenweg durch die Felder folgen ⇝ vor dem nächsten Ort, **Gnevezin**, rechts in einen Betonplattenweg einbiegen ⇝ nun dem Wegverlauf folgen, nach etwa 4 km tauchen die ersten Häuser von Anklam auf.

Nach der starken Linkskurve beginnt zur Rechten ein Radweg ⇝ an der Vorfahrtsstraße rechts weiter auf dem Radweg und über das Fließ ⇝ über die Bahn und weiter bis an die B 109 ⇝ geradeaus auf den Radweg ⇝ am Steintor vorbei 13 zu Beginn des Rathausplatzes rechts in die **Peenstraße** abbiegen und an der Kirche vorbei.

Anklam

PLZ: 17389; Vorwahl: 03971

- **Tourist-Information**, Markt 3, ✆ 835154, www.anklam.de
- **Otto-Lilienthal-Musem**, Ellbogenstr. 1, ✆ 245500, ÖZ: Juni-Sept., tägl. 10-17 Uhr, Nov.-April, Mi-Fr 11-15.30 Uhr, So 13-15.30 Uhr, übrige Zeit und während der Schulferien Di-Fr 10-17 Uhr, Sa, So 13-17 Uhr. In dem Museum kann man den Beginn des Menschenfluges und Otto Lilienthals Visionen verfolgen.
- **Museum für Regional- und Stadtgeschichte im Steinertor**, Schulstr. 1, ✆ 245503, ÖZ: Mai-Sept., Di-Fr 10-17 Uhr, Sa-So 13-17 Uhr, Okt.-April, Mi-Fr 11-15.30 Uhr, So 13-15.30 Uhr. Dieses Heimatmuseum ist das älteste in ganz Vorpommern, seine Entstehungsgeschichte geht bis in das 19. Jh. zurück. Neben Sammlungen zur Stadtgeschichte kann man unter anderem auch die Pommernbibliothek und Bilder bedeutender vorpommerscher Maler sehen.
- **St. Nikolai.** Die Kirche ist zu Ehren des Heiligen der Seefahrer, Fischer und Handelsleute im Jahre 1280 errichtet worden.
- **St. Marien-Kirche**, Mitte des 13. Jhs. erbaut.
- **Theater Anklam**, Leipziger Allee 32, ✆ 20890
- **Das gotische Giebelhaus**, Frauenstraße. Die erstmalige urkundliche Erwähnung dieses Hauses geht auf das Jahr 1406 zurück.

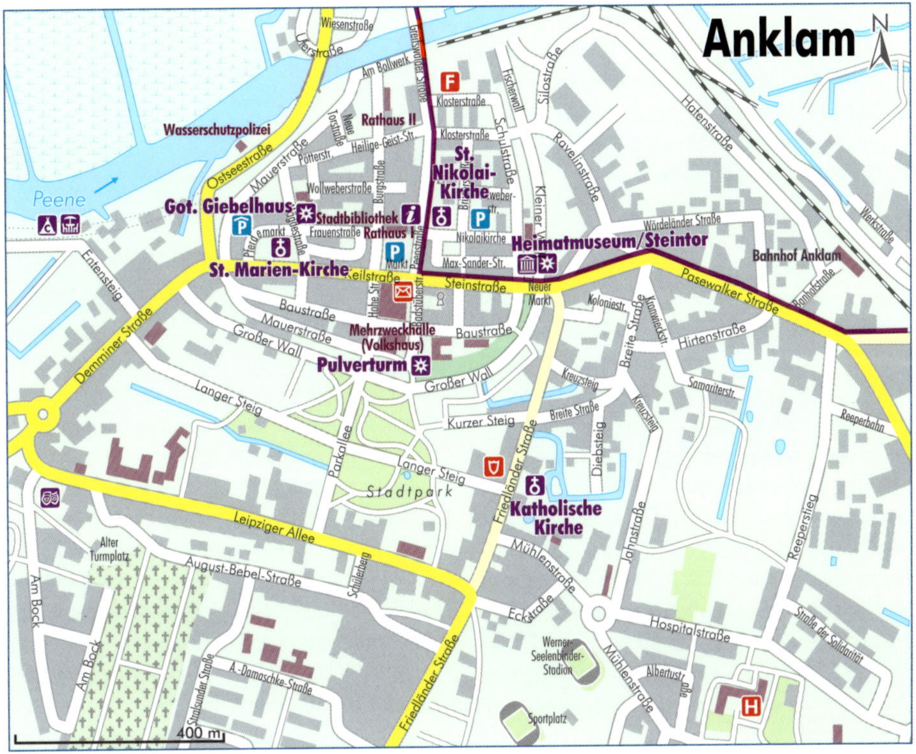

Das Steintor. Das aus dem 13. Jh. stammende Tor gehört zu den schönsten Deutschlands, außerdem ist es das einzige, das von der mittelalterlichen Befestigungsanlage von Anklam übrig geblieben ist.

Pulverturm. Dieser Turm aus dem 15. Jh. wurde nicht nur zur Verteidigung verwendet, sondern auch als Gefangenenturm genutzt.

Wasserturm, Spantekower Landstraße.

Schwimmhalle Anklam

Zweirad-Stoll, Friedländer Str. 9, ✆ 210615

Fahrradvermietung Prepernau, Pasewalker Allee 25, ✆ 210550

Erstmalig im Jahre 1243 als „Tanclim" erwähnt, trat Anklam 1283 dem Hansebund bei und nahm eine rasante Entwicklung zur blühenden Hansestadt, die aufgrund der günstigen Lage an der Peene durch den Handel schnell zu Reichtum gelangte.

Von diesem Wohlstand zeugen noch heute die gewaltigen Backsteinkirchen St. Marien und St. Nikolai die ebenso, wie das Gotische Giebelhaus und das Steintor Bestandteil der Europäischen Route der Backsteingotik sind. Das Steintor beherbergt als einzig erhaltenes Stadttor das älteste Heimatmuseum Vorpommerns.

Doch die Peene, die einst Quelle des Reichtums der Stadt war, begründete später auch ihren Niedergang. Seit dem Dreißigjährigen Krieg

Nikolaikirche in Anklam

diente der Fluss als Verteidigungslinie und Aufmarschgebiet. Anklam wurde abwechselnd durch kaiserliche und schwedische Truppen besetzt und 1648 schwedisch. 1720 gelangte Anklam wieder zu Preußen, blieb aber fast 100 Jahre geteilt.

Bis 1815 diente die Peene als Grenze zwischen Schweden und Preußen. Daher rührt bis heute der nördlich der Peene scherzhaft als "Südschweden" bezeichnete Teil Anklams.

Knapp dreißig Jahre später erblickte der berühmteste Sohn der Stadt das Licht der Welt – der Flugpionier Otto Lilienthal. Er besuchte zusammen mit seinem Bruder Gustav das nach ihnen benannte Lilienthalgymnasium, unternahm nach umfangreichen Studien des Vogelfluges seine ersten Flugversuche und setzte so ein Zeichen für die spätere Entwicklung der Luftfahrt. 1896 kam er bei seinen Flugversuchen in Stölln bei Berlin ums Leben.

Mit dem Otto-Lilienthal-Museum setzte Anklam seinem Sohn ein würdiges Denkmal. Das Museum zeigt seine zahlreichen an überdimensionale Fledermäuse erinnernden Flugapparate und beschreibt, wie aus dem alten Menschheitstraum vom Fliegen die licht- und schattenreiche Geschichte des Flugzeugs wurde. Rekonstruktionen seiner Flugapparate waren nach intensiver Auswertung aller Quellen und auf der Grundlage weniger erhaltener Originalgeräte möglich und können hier bewundert werden.

Von Mai bis September ist in der Nikolaikirche Anklam die Sonderausstellung „Ikarus- der fliegende Mensch" zu sehen. Die Ausstellung in der Taufkirche Otto Lilienthals widmet sich der Kulturgeschichte des Menschenflugs, die wesentlich älter ist, als erste technische Versuche, und die mit der Verwirklichung des Menschenflugs längst nicht endet. Lohnendes Ausflugsziel ist das dem Museum angehörende Aeronaution – der Lehr- und Erlebnispark zum Thema Fliegen, der sich am Flugplatz Anklam befindet. Vor hier aus sind auch Rundflüge oder Ballonfahrten möglich. Besonders reizvoll ist die Peene, der „Amazonas des Nordens" und das Peenetal als eines der letzten naturbelassenen Urstromtäler Mitteleuropas. Es ist Magnet und Lebensraum für Adler, Rothirsche, Otter, Biber, Pflanzen und Vögel. Die außergewöhnliche Lage Anklams an der Peene bietet einen hervorragenden Ausgangspunkt für Peenetouren per Kanu, Kajak oder Flossfahrten sowie Naturführungen in das Naturschutzgebiet „Peenetal".

Auf den Touren lassen sich neben der unberührten Natur jede Menge kulturhistorischer Besonderheiten, wie Wikingergräber, Schlösser, Burgen und Klosterruinen entdecken.

Die jährlich stattfindenden Veranstaltungen, wie das Hansefest an der Peenepromenade, das Theaterspektakel „Die Peene brennt", die Wiederaufbaukonzerte Nikolaikirche, die Sommermusikreihe mit klassischen Konzerten, die Veranstaltungsreihe „Revue&Tanz im Kirchenschiff", das Trabbi-Treffen oder das Flugplatzfest gehören zu den kulturellen Highlights der Stadt.

Von Anklam nach Usedom 26 km

Es gibt auf der rechten Straßenseite einen Rad- und Fußweg ⇝ am Rathausplatz entlang ⇝ geradeaus bis an den Hafen ⇝ auf der Radlerbrücke über den Fluss Peene ⇝ am anderen Ufer geradeaus auf der Greifswalder Straße ⇝ auf einem neu-gepflasterten Radweg unter der Bahn hindurch und auf die Bundesstraße zu ⇝ auf einem asphaltierten Radweg an der Bundesstraße entlang.

Radlerbrücke in Anklam

Neben der B 110 nach Relzow ⇝ am Ortsbeginn rechts vom Radweg in den Ort einbiegen.

Relzow

PLZ: 17390; Vorwahl: 03971

Pommersche Keramik, An der B 110, ✆ 242830. Bis zum 18. Jh. blühte das Töpferhandwerk in Pommern, in der Folgezeit wurde es fast vollständig vom Markt verdrängt. Erst in den 70er Jahren des 20. Jhs. wurde das vergessene Handwerk wieder aufgenommen.

Bei Relzow nach rechts auf die Pflasterstraße und durch die Ortschaft ⇝ vor der Scheune rechts abbiegen ⇝ dem Linksbogen der Straße folgen, dann im Rechtsbogen über eine kleine Brücke ⇝ dem Linksbogen folgen und an den Häusern entlang ⇝ eine scharfe Linkskurve und geradeaus auf dem Radweg über die Felder in Richtung Bundesstraße ⇝ **14** der Weg führt kurz vor der Bundesstraße einige Meter nach rechts ⇝ in der Rechtskurve der Straße geradeaus auf einen asphaltierten Weg ⇝ geradeaus in den Wald ⇝ nach ca. 3,5 km endet der Weg in **Libnow** an der **B 110** ⇝ rechts auf dem straßenbegleitenden Radweg weiter.

Bergauf nach Pinnow und nun 7 km an der Bundesstraße entlang ⇝ kurz vor der Zecheriner

Brücke wechselt der Radweg die Straßenseite – ⚠ Vorsicht! Gefährliche Kreuzung! ⇝ auf dem Radweg an der linken Straßenseite über die Brücke ⇝ nach der Brücke müssen Sie erneut die Straße überqueren ⇝ **15** an der folgenden Kreuzung nach rechts in Richtung Karnin abbiegen.

Zecherin

Auf einer Allee führt die Route nach Karnin.

Karnin

PLZ: 17406; Vorwahl: 038372

Denkmalensemble Karnin, Im Historischen Bahnhof, Dorfstr. 12, ✆ 71446

Hubbrücke. In vergangenen Zeiten überquerte die Eisenbahn an dieser Stelle die Peene. 1945 wurde die Brücke beim Rückzug der deutschen Truppen aus Russland gesprengt. Seitdem steht nur noch das Mittelfundament in der Peene.

Auf dem Rechtsbogen in den Ort ⇝ an der nächsten Kreuzung zweigt rechts eine Pflasterstraße zur ehemaligen Eisenbahnhubbrücke ab.

TIPP Diese Brücke ist auf jeden Fall den kurzen Abstecher wert. Es befindet sich hier ein Gasthaus im ehemaligen Bahnhof, ein netter Rastplatz und eben die monumentale Brücke, deren Geschichte auf einer Schautafel dargestellt wird.

Hafen in Karnin

Die Route führt auf der Ortsdurchfahrtsstraße durch Karnin hindurch ⇝ gleich darauf kommen Sie nach Mönchow.

Mönchow

Hinter der Ortschaft dem Straßenverlauf Richtung Wilhelmshof folgen.

Wilhelmshof

Nach der Ortschaft ist der Zustand der Straße wieder besser und es geht auf glattem Asphalt auf Usedom zu ⇝ in Usedom beginnt auf der rechten Seite ein rotgepflasterter Radweg ⇝ an der Vorfahrtsstraße rechts und durch das alte Stadttor.

Usedom

PLZ: 17406; Vorwahl: 038372

Stadtinformation, Bäderstr. 5, ✆ 70890, www.stadtinfo-usedom.de

Anklamer Tor, das 1450 erbaute Tor gilt als das Wahrzeichen der Stadt und beherbergt das Heimatmuseum, die **Heimatstube**.

Antiquitäten und Lebensart, Swinnemünder Str. 68, ✆ 70569. Sehenswert sind vor allem die zahlreichen Möbel vom Barock bis zum Jugendstil und das Buchantiquariat. Für das leibliche Wohlergehen wird durch Bio- und Naturkostprodukte gesorgt.

Von dieser Stadt hat die gesamte Insel ihren Namen erhalten. Er leitet sich aus dem slawischen Wort „uznam“ = Mündung ab. Das Gebiet war seit der Jungsteinzeit besiedelt, ab dem 8./9. Jahrhundert von Slawen. 1298 erhielt die Siedlung Lübisches Stadtrecht. Von Mitte des 17. bis Anfang des 18. Jahrhunderts stand sie ununterbrochen unter schwedischer Herrschaft, danach hielten die Preußen Einzug.

1930 wurde die Bäderbrücke, vier Jahre später Europas modernste Eisenbahnhubbrücke erbaut. Heute, nach dem Rückgang der Landwirtschaft und der geringen Bedeutung der Industrie, liegt der Schwerpunkt auf dem Gebiet des Individualtourismus.

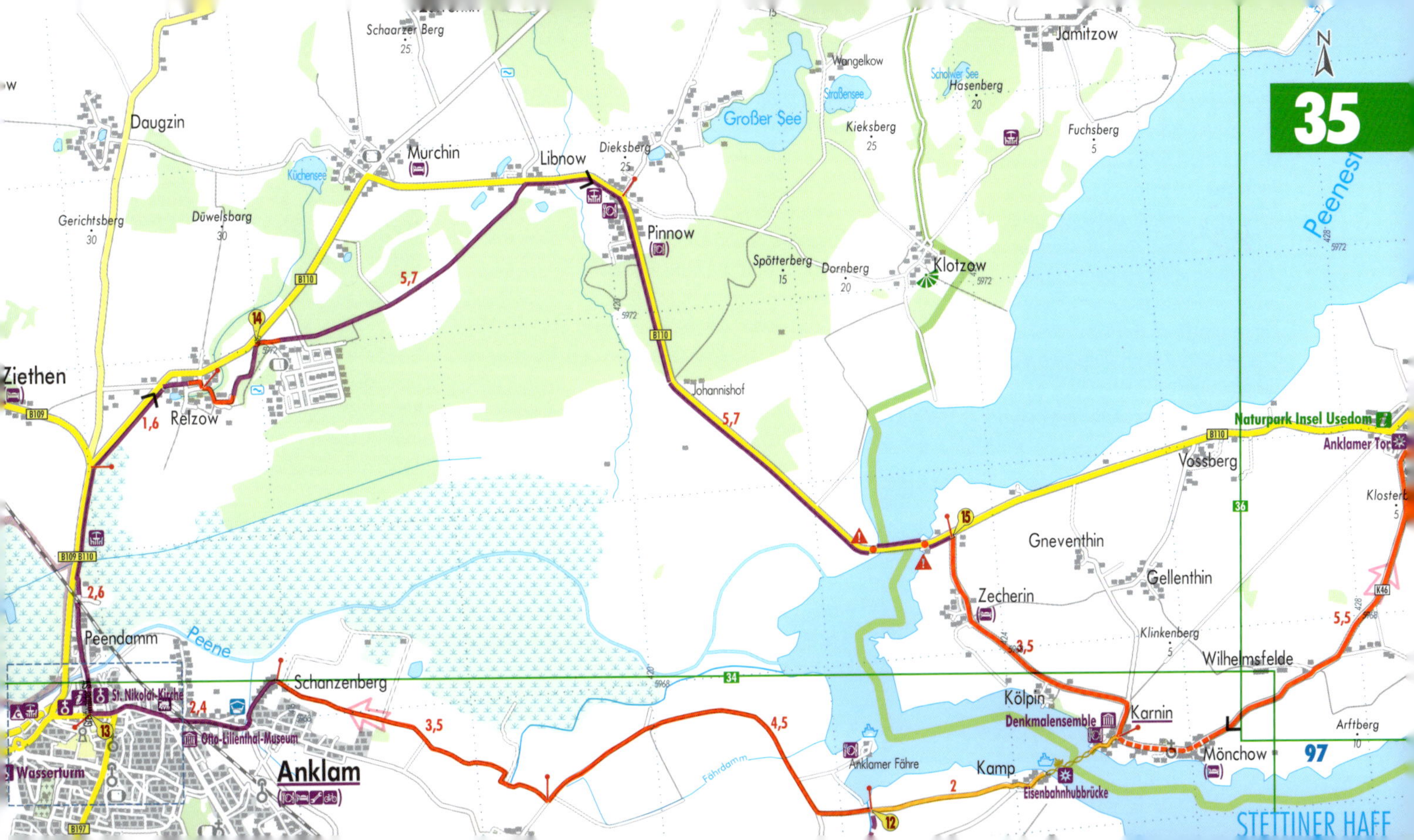
35
Schaarzer Berg
25
Jamitzow
Wangelkow
Scholwer See
Hasenberg
20
Straßensee
Großer See
Kieksberg
25
Fuchsberg
5
Daugzin
Murchin
Libnow
Dieksberg
25
Küchensee
Gerichtsberg
30
Düwelsbarg
30
Pinnow
Peenest
Spötterberg
15
Dornberg
20
Klotzow
B110
5,7
14
Ziethen
B109
Relzow
1,6
Johannishof
5,7
Naturpark Insel Usedom
Anklamer Tor
Vossberg
Klosterb.
5
15
Gneventhin
36
Gellenthin
Zecherin
K46
5,5
3,5
Klinkenberg
5
Wilhelmsfelde
B109 B110
2,6
Peendamm
Peene
Schanzenberg
34
St. Nikolai-Kirche
2,4
Otto-Lilienthal-Museum
13
Wasserturm
Anklam
3,5
4,5
Kölpin
Denkmalensemble
Karnin
Mönchow
Arftberg
10
97
Anklamer Fähre
Kamp
2
Eisenbahnhubbrücke
Fährdamm
12
B197
STETTINER HAFF

Naturpark Insel Usedom

Die Insel Usedom verdankt ihre heutige Oberflächenform dem Eiszeitalter und der Nacheiszeit. Teile des Tieflandes wurden überschwemmt, die End- und Grundmoränenkuppen ragten jedoch aus dem Meer. Aus diesen Kuppen bestanden die drei Inselkerne von Usedom. Durch Verlandung und Versandung wuchsen sie zusammen. Heute noch verändern Wind und Wasser den Küstenverlauf. Parallele Strömungen zur Küste tragen Sand ab und spülen ihn an anderer Stelle wieder an. Diesem Prozess verdankt die Insel seinen großteils steinfreien, breiten Sandstrand.

Ausblick auf das Stettiner Haff

Durch umfangreiche Küstenschutzmaßnahmen sollen Katastrophen, wie sie 1872 und 1874 passierten, verhindert werden. Damals überfluteten Sturmhochwasser die Insel zwischen Koserow und Zempin. Dabei wurde das Vorwerk Damerow zerstört.

Usedom wird auch als Badewanne der Berliner bezeichnet. Im Jahr 1824 wurde in Swinemünde das erste Seebad eröffnet, damals noch streng getrennt für Männer und Frauen. Heringsdorf, Zinnowitz und Ahlbeck folgten wenig später. Die meisten Kaiserbäder entstanden in der wilhelminischen Zeit (1880-1914). Einer Weiterentwicklung des Tourismus stand damit nichts mehr im Weg. Doch die Insel ist nicht nur wegen ihrer weißen, sandigen Strände beliebtes Urlaubsziel, sondern auch wegen der Vielfältigkeit der Landschaft im Achterland. Der Naturpark mit seiner abwechslungsreichen Mischung aus Seen-, Moor-, Wald- und Wiesenlandschaften, sowie Dünen und Steilufern an der Außenküste umfasst den deutschen Teil der Insel und das angrenzende Festland und bietet nicht nur für geschützte Tiere und Pflanzen

Stolpe

den idealen Lebensraum, sondern auch den Urlaubern Natur, Ruhe und Erholung. Infos zur Insel Usedom erhalten Sie bei der Usedom Tourismus GmbH, Waldstr. 1, 17429 Seebad Bansin, ✆ 038378/477110, www.usedom.de

Von Usedom nach Ahlbeck 30 km

Vorbei an der Kirche und in einer Linkskurve um diese herum ⤳ über den Marktplatz und geradeaus weiter auf der **Swinemünder Straße** ⤳ auf der rechten Seite beginnt ein Rad- und Fußweg ⤳ **16** nach 1 km rechts ab auf die **K44** Richtung Stolpe ⤳ hier gibt es einen rechtsseitigen Radweg ⤳ kurz nach der Kreuzung links, die Straße

36
Mellenthin
Keramik-Manufaktur
Bömkenberg
15
Neunzehn Kirchenberg
50
Krähenberg
20
Pisselberg
30
Suckow
Katschow
Ulrichsh
Kachliner See
Windschöpfwerk
Kachlin
Görke
Hoher Feldberg
20
Naturpark Insel Usedom
Weißer Berg
30
Peenestrom
Technik- u. Zweiradmuseum
Wisentgehege
Dargen
B110
B111
K41
K44
K45
K46
Petersberg
10
Bossin
Prätenow
Neverow
Zechgraben
Knüppelgraben
Gummlin
Neubau
Olymp
25
Stolpe
auf Usedom
Usedom
Paske
Insel Usedom
Anklamer Tor
Klosterberg
5
Usedomer See
Welzin
Wilhelmshof
Ostklüne
STETTINER HAFF

überqueren ⤳ auf den asphaltierten Rad- und Fußweg, der in den Wald führt ⤳ um die Schranke herum ⤳ nach ca. 3 km an der Kreuzung vor Stolpe geradeaus und auf dem gepflasterten Weg **Neubau** bis zur Vorfahrtsstraße, hier nach links.

Stolpe auf Usedom

PLZ: 17391; Vorwahl: 038372

Dorfkirche (1871)

Schloss Stolpe. Das vermutlich im frühen 17. Jh. errichtete Schloss war das Stammhaus einer Nebenlinie der Grafen von Schwerin und wurde mit Unterbrechungen von der Familie auch bis 1945 bewohnt. Danach bezog die Rote Armee das Gebäude. In den 1990er Jahren wurde das Schloss renoviert und seit 2005 wird es als Veranstaltungszentrum genutzt.

Stolper Hof, Ausbau 1, ✆ 71081. Der Stolper Hof ist ein ökologisches Tourismusprojekt mit Gaststätte, Pension und Erlebnisbereich.

Auf der K 44 Richtung Dargen – 5 Kilometer ⤳ durch **Prätenow** hindurch ⤳ vorbei an einem Abzweig zu einem Rastplatz ⤳ weiter nach Dargen.

Dargen

PLZ: 17419; Vorwahl: 038376

Technik- und Zweiradmuseum Dargen, Bahnhofstr. 1, ✆ 20290, ÖZ: April-Nov., Mo-So 10-18 Uhr. Eröffnet wurde

Bei Dargen

das Museum im Jahre 1995. Neben den mittlerweile 3.000 Ausstellungsstücken widmet sich der Museumsverein der Darstellung und Pflege von Zweirad- und Motorentechnik der ehemaligen DDR.

Wisentgehege, Ortsteil Prätenow, ✆ 20554, ÖZ: Ostern-Okt. tägl. 10-17 Uhr.

Die erste urkundliche Erwähnung des an der Usedomer Haffküste liegenden Ortes geht auf das Jahr 1386 zurück. In Dargen gibt es viele ur- und frühzeitgeschichtliche Fundorte, Zeuge dafür sind zum Beispiel die alten Trogmühlen, eine der ältesten Arten von Mühlen. Mit dafür angefertigten Steinen wurde in einem Trog Getreide und Ähnliches zerkleinert. Die großteils noch unberührte Natur an der Haffküste bietet vielen selten gewordenen Tier- und Pflanzenarten einen ungestörten Lebensraum.

In der Linkskurve der Vorfahrtsstraße geradeaus in die **Schmiedestraße** ⤳ an der Gabelung nach rechts in Richtung Bossin.

Bossin

17 An der Vorfahrtsstraße geradeaus in die **Haffbergstraße** und auf dieser bis zum nächsten Ort ⤳ an **Neverow** vorbei ⤳ in der Linkskurve rechts ab, den Radschildern folgen ⤳ auf der asphaltierten **Garzer Straße** in den Wald ⤳ an der Kreuzung, an der es rechts zum Haff geht, links halten Richtung Zirchow ⤳ zurück auf die Straße und rechts weiter ⤳ an der Vorfahrtsstraße links ⤳ bis Zirchow sind es 800 m ⤳ direkt am Flugplatz Heringsdorf vorbei nach Zirchow.

Zirchow

Der Rechtskurve der Vorfahrtsstraße folgen ⤳ gleich wieder rechts dem Radschild auf den asphaltierten Rad- und Fußweg Richtung

Garz folgen ⤳ nach ca. 3 km kommen Sie nach Garz.

Garz

PLZ: 17419; Vorwahl: 038376

- **Dorfkirche St. Petri.** Die Kirche ist das älteste Bauwerk in Garz. Der gotische Backsteinbau wurde im 15. und 16. Jh. erbaut, allerdings erfolgten im Laufe der Zeit einige Änderungen.
- **Slawischer Burgwall**

AUSFLUG Sie können von Garz einen Ausflug nach Kamminke machen, den letzten Ort vor der polnischen Grenze. Dort gibt es das Gasthaus Haffblick, einen Campingplatz, ein Strandbad und eine Schiffsverbindung nach Ueckermünde oder nach Polen.

Die Hauptroute führt an der Kreuzung geradeaus ⤳ **18** an der Vorfahrtsstraße links Richtung Korswandt ⤳ wieder links in den Rad- und Fußweg auf der **Ernst-Thälmann-Straße** ⤳ der Radweg führt ab Ortsende geradewegs auf die **B 110** zu ⤳ parallel dazu, dann rechts über eine kleine Brücke und über die **B 110** – ⚠ Vorsicht: Gefährliche Kreuzung!

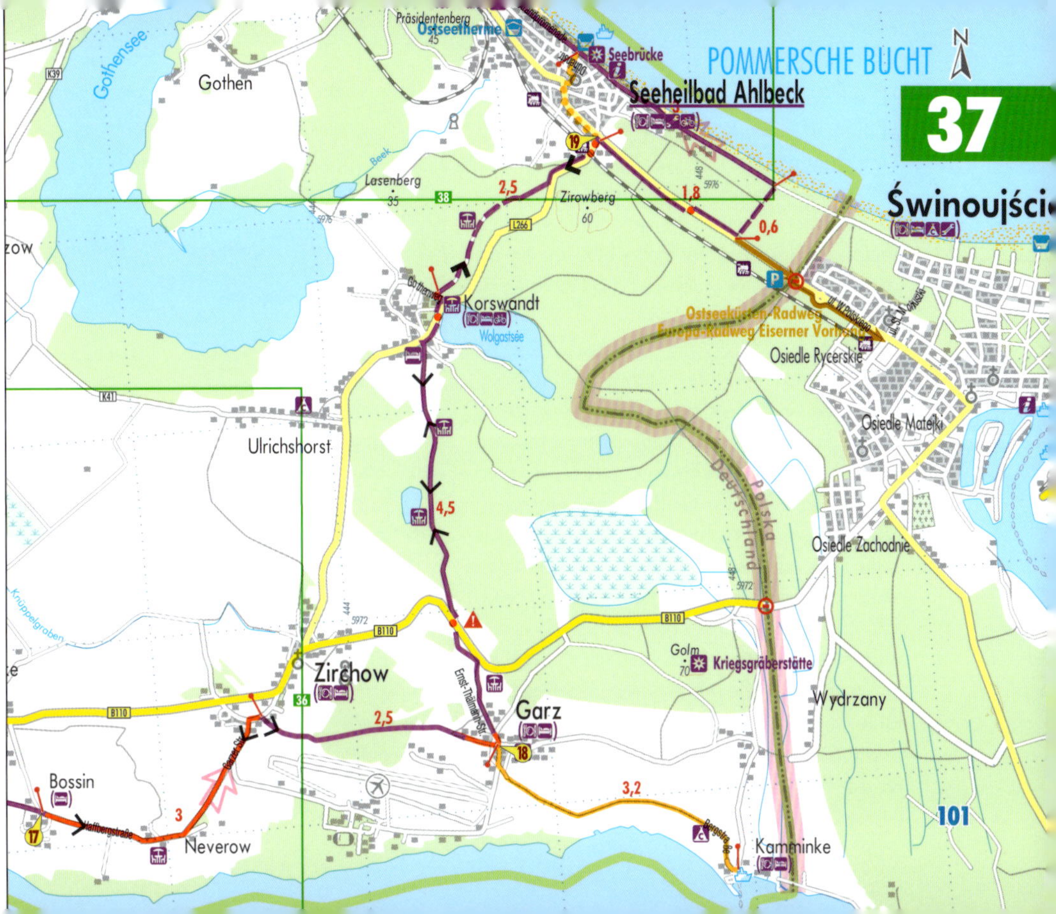

TIPP Die B 110 führt zum Grenzübergang nach Polen, der für Radfahrer und Fußgänger geöffnet ist.

Hier auf der anderen Seite der **B 110** weiter auf Asphalt ~ leicht bergauf in den Wald hinein ~ der Weg verläuft wellig an einem Rastplatz vorbei ~ nach ca. 3,5 km ist Korswandt erreicht.

Korswandt

Rot-gepflastert führt der Radweg beim Hotel Pirol vorbei an die Vorfahrtsstraße ~ hier rechts auf den Radweg ~ die Straße überqueren und auf dem linksseitigen Radweg weiter ~ vom Radweg links in den **Gothenweg** einbiegen ~ vorbei an der Wohnanlage **Am Forsthaus** ~ gleich wieder rechts Richtung Ahlbeck in den Wald ~ auf dem unbefestigten Waldweg bergauf ~ nach ca. 2,5 km geht es bergab vorbei an der Kleingartenanlage Ahlbeck ~ **19** an der Vorfahrtsstraße nach links und über die Bahn ~ an der **B 111** rechts auf den Radweg Richtung Swinemünde ~ der Radweg wechselt bei der Bushaltestelle von der rechten auf die linke Seite ~ direkt vor der Grenze bei dem rie-

sigen Parkplatz links einbiegen in den Rad- und Fußweg, dieser führt zum Strand und somit auf den Ostseeküsten-Radweg ~ nun direkt auf der Uferpromenade durch Ahlbeck hindurch.

Ahlbeck

PLZ: 17419; Vorwahl: 038378

- **Tourist-Information Ahlbeck**, Dünenstr. 45, ✆ 499350, www.ahlbeck.de
- **Insel- und Halligreederei, Adler-Schiffe**, Laden 4, Heringsdorf, ✆ 038378/47790, www.adler-schiffe.de
- Die wunderschöne **Seebrücke** war Schauplatz in einem Loriot-Film und feierte 1998 ihr 100-jähriges Jubiläum. Vor der Seebrücke befindet sich eine Normalzeituhr, die ein Kurgast stiftete.
- Ahlbeck besitzt einen 70 m breiten **Strand**
- **Ostseetherme Usedom**, Lindenstr. 60, ✆ 273-0. Subtropisches Badeparadies mit Aussichtsturm.
- **Oberländer**, ✆ 31684, Hol- und Bringservice

Die Geschichte des alten Fischerdorfes Ahlbeck geht bis in das 12. Jahrhundert zurück. Bis ins 17. Jahrhundert hinein war die Ortschaft eher spärlich besiedelt. Erst 1745 siedelten sich nach einem Edikt des Preußenkönigs Friedrich II. einige Kolonisten um den Ahlbecker See an. Weil man weitere Siedler gewinnen wollte, ließ man das Wasser des Ahlbecker Sees ab. Allerdings konnte man dadurch keinen Erfolg erzielen, weil das Land an dieser Stelle nicht zum Besiedeln geeignet war. Heute nennt man die Stelle an der sich der See befand das Fenn, es ist ein einzigartiges Gebiet unberührter Natur in Europa. Die Ahlbecker Orchideenwiese ist ein moorastiger Schilfgürtel, in dem viele Pflanzen gedeihen und seltene Vögel leben.

Von Ahlbeck nach Wolgast 37 km

Von Ahlbeck weiter auf der Ostseeufer-Promenade ~ rechts um den Sportplatz und unter der Seebrücke durch nach Heringsdorf.

Seebad Heringsdorf

PLZ: 17424; Vorwahl: 038378

- **Tourist-Information**, Kulmstr. 33, ✆ 245-1, www.dreikaiserbaeder.de
- **Insel- und Halligreederei, Adler-Schiffe**, Strandpromenade 1, ✆ 47790, www.adler-schiffe.de
- **Villa „Irmgard" Museum für Literatur- und Regionalgeschichte**, Maxim-Gorki-Str. 13, ✆ 22361, ÖZ: Mai-Sept., Di-So 10-18 Uhr, Okt.-April, Di-Fr 10-16 Uhr
- **Muschelmuseum**, Promenade/Seebrücke, ÖZ: in der Saison tägl. 10-18 Uhr, sonst Do-So 10-18 Uhr
- **Chapeau Rouge**, Strandpromenade, ✆ 29171, Theaterzelt, Vorstellungen nur in den Sommermonaten.
- Die **Seebrücke** in Heringsdorf ist mit 508 m die längste Seebrücke Deutschlands. Sie wurde 1995 gebaut, nachdem die ursprüngliche Kaiser-Wilhelm-Brücke in den 1950er Jahren abgebrannt war.
- **Kunstpavillon**, Strandpromenade, ÖZ: Mai-Okt., tägl. 10-12 Uhr und 13-19 Uhr, wechselnde Ausstellungen
- **Sternwarte**, Promenade, ✆ 471650, Führungen bei klarem Himmel Fr-So 22 Uhr u. n. V.
- **NSG Gothensee** zu dem auch der Thurbruch, ein großes Torfmoor, gehört.
- **Fahrradverleih Uwe Pilgrim**, Brunnenstr. 7, ✆ 22324

In Heringsdorf auf der Uferpromenade weiter nach Bansin ⟿ bei den ersten Häusern in kurzer

Links-Rechts-Kombination auf die **Bergstraße** in Richtung Strandhotel Bansin ~ geradeaus am Strandhotel vorbei.

Kölpinsee

Seebad Bansin

PLZ: 17429; Vorwahl: 038378

- **Tourist-Information**, Waldstr. 1, ✆ 477110, www.dreikaiserbaeder.de, www.usedom.de
- **Insel- und Halligreederei, Adler-Schiffe**, Laden 4, Heringsdorf, ✆ 038378/47790, www.adler-schiffe.de
- **Gedenkatelier Rolf Werner**, Seestr. 60, ✆ 29228
- **Tropenhaus**, Goethestr. 10, ✆ 2540, ÖZ: im Sommer tägl. 10-18 Uhr, im Winter 10-16 Uhr. In dem Haus können neben exotischen Pflanzen auch Tiere in Aquarien und Terrarien besichtigt werden.
- Reizvolle Seenlandschaft, in dem sich der **Große** und **Kleine Krebssee** und der **Schmollensee** befinden.

Die Seebäder Bansin, Heringsdorf und Ahlbeck bezeichnen sich als die Drei Kaiserbäder, wohl auf die Zeit verweisend, als Kaiser Wilhelm II., der Adel und das wohlhabende Bürgertum ihre Sommerfrische in den mondänen Bädern verbrachten. Spielcasino, Pferderennbahn und Strandpromenaden waren neben der Sonne, dem Wind und dem Meer andere Formen des angenehmen Zeitvertreibs.

Das älteste Seebad ist Heringsdorf. 1824 eröffnete der Badebetrieb. Bereits ein Jahr später wurden die ersten Logierhäuser und ein Gesellschaftshaus gebaut. Mit der Eröffnung der Dampfschiffverbindung Swinemünde-Heringsdorf entwickelte sich der neue Badeort zu einem der beliebtesten Ostseebäder in den 40er Jahren des 19. Jahrhunderts.

Anfang der 50er Jahre begann der Badebetrieb in Ahlbeck. Das benachbarte Seebad wuchs schnell und machte dem angestammten Heringsdorf recht ordentliche Konkurrenz. In beiden Bäderorten setzte in den 70er Jahren eine rege Bautätigkeit ein, die von eigens zu diesem Zweck gegründeten Gesellschaften finanziert wurde.

Bansin ist das jüngste Seebad in dem Dreiergespann. Im Gegensatz zu den beiden anderen wurde Bansin als reiner Bade-, Kur und Erholungsort 1896/97 erbaut. Der Name wurde dem wenige Kilometer landeinwärts am Gothensee gelegenen Bauerndorf entliehen. 1923 wurde Bansin als erstem Seebad das Freibaden erlaubt. Allmählich wuchsen die Seebäder zusammen, so dass man von Bansin über Heringsdorf bis nach Ahlbeck entlang der Strandpromenade flanieren kann.

VARIANTE Wenn Sie die teilweise sehr starken Steigungen auf dem Weg nach Koserow umgehen wollen, fahren Sie vor der Touristinfo nach links, dann vor zur B 111 und auf dem straßenbegleitenden Radweg weiter.

Sie radeln an der Touristinfo vorbei ~ **20** links den **Fischerweg** hoch und an der nächsten Kreuzung rechts ab in Richtung Ückeritz ~ dem Verlauf des Radweges folgen, bis Sie auf Asphalt gelangen ~ hier rechts und nach wenigen Metern an einer Schranke vorbei ~ durch den Campingplatz und eine zweite Schranke passieren.

Ückeritz

PLZ: 17459; Vorwahl: 038375

i **Kurverwaltung**, Bäderstr. 5, ✆ 2520, www.ueckeritz.de

21 Dem Linksbogen des Radweges folgen, dann gleich wieder rechts auf eine sehr hügelige Strecke durch den Wald ~ weiter auf Asphalt am rechten Ufer des Kölpinsees bis zum Ende des Sees.

Kölpinsee

PLZ: 17459;Vorwahl:038375

i **Kurverwaltung**, Strandstr. 23, ✆ 20612

✲ Um den **Kölpinsee** ranken sich geheimnisvolle Sagen.

22 An der **Strandstraße** links ~ rechts bergauf in die **Kurze Straße** ~ rechts in die **Jägerstraße** ~ folgen Sie dem hügeligen breiten Waldweg parallel zum Strand in Richtung Koserow.

Koserow

PLZ: 17459; Vorwahl: 038375

i **Kurverwaltung**, Hauptstr. 34, ✆ 20415, www.seebad-koserow.de

Otto-Niemeyer-Holstein-Gedenkatelier, Lüttenort, ✆ 20213, ÖZ: 15. April-15. Okt., tägl. 10-18 Uhr, 16. Okt.-14. April, Mi, Do, Sa, So 10-16 Uhr, Führungen: April-Okt., tägl. jeweils um 11, 12, 14 u. 15 Uhr u. n. v., Okt.-April, Mi-So 11, 12 u. 14 Uhr, Dauer der Führung 1 Stunde. Das Atelier mit seinem Skulpturengarten erinnert an den bedeutenden Maler von der Ostsee.

Salzhütten, Museum „Uns Fischers Arbeitshütt", ÖZ: Mai-Sept.

Hier befindet sich die einzige mittelalterliche **Kirche** an der Usedomer Ostseeküste. Sie wurde Ende des 13. Jhs. als kleine Feldsteinkirche erbaut.

Streckelsberg (60 m). Von der Aussichtsplattfrom haben die Besucher einen herrlichen Blick zum Peenemünder Haken, zur Insel Ruden, auf das Mönchsgut von Rügen, die Greifswalder Oie und auf die Insel Wollin.

Ortmann, Bahnhofstr. 4, ✆ 21360

Oberländer, ✆ 038378/31684

Der Künstler Otto Niemeyer-Holstein ließ sich 1932 auf der Insel Usedom nieder. Er erstand für 60 Reichsmark einen ausrangierten Gepäckwagen der Berliner S-Bahn, den er an der schmalsten Stelle der Insel in der Nähe Koserows auf einer sumpfigen Wiese aufstellte. Seinen neuen Wohnort, in den er sich vor den Nazis zurückzog, benannte er nach seinem alten Segelboot „Lütten", Lüttenort.

Seebrücke Koserow

In den folgenden Jahren baute er den „Wohnwagen" aus und neue Anbauten an. Er legte verschiedene Gärten um sein Domizil an, die vom Namen bis zur Gestaltung durchkomponiert sind. Überall finden sich Skulpturen und andere kleine Kunstwerke. Der angesehene Künstler der DDR verfügte, dass nach seinem Tod sein „Atelier-Wohnanwesen" in den Besitz des Staates übergehen sollte, wenn dieser dafür sorgte, dass das Anwesen unverändert erhalten bliebe und der Öffentlichkeit zugänglich gemacht würde. Diesem Wunsch entsprach die DDR.

Mehrere Mitarbeiter kümmern sich seither um die Gartenanlage. Es werden Führungen angeboten, außerdem sind in der neu angebauten Galerie Werke des Künstlers zu sehen.

Auf der Uferpromenade weiter auf dem **Möwenweg** vorbei am **Otto-Niemeyer-Gedenkatelier** nach Zempin.

Zempin

PLZ: 17459; Vorwahl: 038377

Fremdenverkehrsamt, Fischerstr. 1, ✆ 42162, www.seebad-zempin.de

Salzhütten. In den alten Salzhütten, die sich noch in den Dünen befinden, wurde früher das Salz zum Heringssalzen gelagert.

Der **alte Ortskern** mit den rohrgedeckten Häusern liegt am Achterwasser.

23 In Zempin links und gleich wieder rechts und auf dem gekennzeichneten Rad- und Wanderweg nach Zinnowitz.

Zinnowitz

PLZ: 17454; Vorwahl: 038377

Kurverwaltung, Neue Strandstr. 30, ✆ 4920, www.zinnowitz.de

Insel- und Halligreederei, Adler-Schiffe, Laden 4, Heringsdorf, ✆ 038378/47790, www.adler-schiffe.de

Die Blechbüchse, Seestr. 8, ✆ 40936

Strandpromenade mit **Seebrücke**

Tauchgondel am Ende der Seebrücke: Ganz ohne nass zu werden können Besucher hier 3,5 Meter in die Ostsee abtauchen.

40
OSTSEE
Kröslin
Hohendorfer See
Hollendorf
Radfernweg Berlin-Usedom
Karrin
Rauher Berg
10
Großer See
Sommerkino
Seebad Trassenheide
Seebad Zinnowitz
3,2
3,4
24
Heideberg
5
Schmetterlingsfarm
Kulturhof
Mölschow
Zecherin
Ernsthof
Salzhütten
6,5
23
Otto-Niemeyer-Gedenkatelier
Europa-Radweg Eisener Vorhang
Ostseeküsten-Radweg
4,2
Bannemin
B111
Buchberg
15
Seebad Zempin
"Uns Fischers"
Tannenkamp
Wolgast
Mahlzow
Museumshafen
0,5
Kaffeemühle
Basilika St. Petri
25
Runge-Geburtshaus
Gertrudenkapelle
Naturpark Insel Usedom
Großer Krummin See
Krummin
Buchberg
25
Balastberg
20
Peenestrom
Neustadt
Alte Schanze
Neeberg
Achterwasser
107

Meerwasserhallenbad

Die Landzunge **Gnitz** mit dem **Weißen Berg**

Kruggel, Dr. Wachsmann-Str. 5, ✆ 42869

Auf dem befestigen Radweg die Strandpromenade entlang ⇝ weiter parallel zum Strand ⇝ nach ca. 3 km schräg nach links bergab und gleich wieder nach rechts ⇝ links auf den Radweg.

ANSCHLUSS Rechts können Sie entlang des Radfernweges Berlin-Usedom in 10 km nach Peenemünde radeln.

Bis zur **Strandstraße** fahren.

Trassenheide

Schmetterlingsfarm, am Bahnhof Trassenheide, ✆ 03837/128218, ÖZ: tägl. 10-19 Uhr. Mit einem Gelände von insgesamt 5.000 m^2 ist sie die größte Europas. In der tropischen Freiflughalle mit Wasserfällen, Bergen und exotischen Pflanzen und im Insektenmuseum kann man mehr über die Welt der Schmetterlinge und Insekten erfahren.

24 Rechts auf die **Kampstraße** und gleich wieder links auf den Radweg ⇝ an der Ampel die Straße überqueren ⇝ dem linksseitigen Radweg nach Mölschow folgen ⇝ am Abzweig **Am Erlengrund** rechts ⇝ dem Verlauf der **Trassenheider Straße** folgen zum **Kulturhof** an der Vorfahrtsstraße in Mölschow.

Mölschow

An der Vorfahrtsstraße rechts und am Ortsende rechts auf den Radweg einbiegen ⇝ an der Bahn entlang und im spitzen Winkel nach links über die Schienen ⇝ die B 111 überqueren.

Rechts auf dem straßenbegleitenden Radweg ⇝ geradeaus weiter auf der **Straße der Freundschaft** radeln ⇝ entlang der Schienen auf den Radweg und über die Brücke nach Wolgast ⇝ nach der Brücke links halten zum Bahnhof Wolgast-Hafen ⇝ **25** somit haben Sie das Ziel des Mecklenburgischen Seen-Radweges erreicht.

Wolgast

PLZ: 17438; Vorwahl: 03836

Wolgast-Information, Rathausplatz 10, ✆ 600118

Stadtgeschichtliches Museum „Kaffeemühle", Am Rathausplatz 6, ✆ 251213 od. 251214, ÖZ: Juni-Aug., Di-Fr 10-18 Uhr, Sa/So 10-16 Uhr; Sept.-Mai, Di-Fr 10-17 Uhr, Sa 10-14 Uhr. Das Museum ist in einem Fachwerkhaus aus dem Jahr 1676 untergebracht, das die Wolgaster „Kaffeemühle" nennen. Wahrscheinlich war die Form des Daches ausschlaggebend für diesen Begriff. Das Haus beherbergt eine Ausstellung zur Stadtgeschichte und ständig wechselnde Sonderausstellung.

Die dreischiffige Backsteinbasilika zu **St. Petri** war die Hof- und Begräbniskirche der Herzöge von Pommern. Erbaut wurde sie auf dem Hügel, auf dem einst ein slawischer Tempel stand.

Entworfen wurde die zwölfeckige **Gertrudenkapelle** in der Chausseestraße nach dem Vorbild der Jerusalemer Erlöserkirche.

Das **Rathaus** am Marktplatz ist ein Barorockbau aus dem Jahr 1724. Vor dem Rathaus steht ein Brunnen mit zehn Bildtafeln, die die Geschichte der Stadt erzählen.

Runge-Geburtshaus, Kronwiekstr. 45, ✆ 202000. Hier wurde der Begründer der romantischen Kunst in Deutschland Philipp Otto Runge 1777 geboren. Das Haus dient heute als Museum und widmet sich dem Leben und Werk des Malers.

Hafen mit den alten Getreidespeichern

Peenebrücke (1996), verbindet das Festland mit der Insel Usedom, mehrmals am Tag wird die beeindruckende Brücke geöffnet, um Schiffe passieren zu lassen

Tierpark Wolgast Tannenkamp, ✆ 203713. ÖZ: tägl., Mai-Sept., 9-18 Uhr, Okt.-April, 9-16 Uhr. Auf einer Fläche von 10 ha können Sie 400 Tiere in 52 Arten besuchen.

In der Dr.-Theodor-Neubauer Straße befindet sich der **Mühlensteinpark**. Hierbei handelt es sich um eine Vielzahl steinzeitlicher Mühlen, Reibplatten und alten Mühlsteinen aus der Neuzeit. Zu den Besonderheiten dieses Parks gehören neben Kultsteinen, dem Eruptivgestein (ein magmatisches Gestein) auch eine kleine Bockwindmühle.

Fahrradverleih Pank, Bahnhofstr.42, ✆ 202652

Zweiradcenter Kirst, Hollendorfer Weg 3, ✆ 201080

Zweirad Pretzer, Sölvesburger Str. 5, ✆ 602256

Fahrradverleih Oberländer, Peenemünder Str. 1, ✆ 206030 od. 038378/31684

Einst kontrollierten die Slawen den Handel über den Peenestrom und sicherten sich mit der Errichtung einer Zollstation stattliche Einkünfte. Die Dänen eroberten schließlich 919 diesen Ort und bauten ihn zu einem wichtigen Handelsort und -hafen aus. Seit 1282 war Wolgast zwar mit den Stadtrechten ausgestattet, es entwickelte sich jedoch nicht in dem gleichen Maße wie die anderen Städte an der Ostseeküste. Verantwortlich hierfür war die Politik der pommerschen Herzöge. In ihrer Residenzstadt, die Wolgast von 1295 bis 1625 war, waren freie Kaufleute mit einer eigenen Gerichtsbarkeit und politischem Einfluss nicht erwünscht. Von deren ehemaligem Schloss zeugt leider nur noch der Name eines Stadtteils. Zwischen 1648 und 1815 war Wolgast, wie gesamt Vorpommern, unter schwedischer Herrschaft. Trotz der Mitgliedschaft in der Hanse erlangte die Stadt keine herausragende wirtschaftliche Bedeutung in der Region, die Entstehung der Peene-Werft nach dem Zweiten Weltkrieg bescherte ihr allerdings bis zur Wende 1989 einen florierenden Wirtschaftszweig. Heute ist Wolgast eine quirlige Kleinstadt.

Sie haben nun das Ende Ihrer Radreise erreicht. Wir hoffen, Sie hatten einen erlebnisreichen und interessanten Radurlaub und freuen uns, dass Sie ein *bikeline*-Radtourenbuch als Begleiter gewählt haben.

Das gesamte *bikeline*-Team wünscht Ihnen eine gute Heimreise!

Übernachtungsverzeichnis

Dieses Verzeichnis beinhaltet folgende Übernachtungskategorien:

H	Hotel
Hg	Hotel garni
Gh	Gasthof, Gasthaus
P	Pension, Gästehaus
Pz	Privatzimmer
BB	Bed and Breakfast
Fw	Ferienwohnung (Auswahl)
Bh	Bauernhof
Hh	Heuhotel
	Jugendherberge, -gästehaus
	Campingplatz
	Zeltplatz (Naturlagerplatz)

bett+bike adfc

Alle mit dem Bett & Bike-Logo () gekennzeichneten Betriebe erfüllen die vom ADFC vorgeschriebenen Mindestkriterien als „Fahrradfreundliche Gastbetriebe“ und bieten darüber hinaus so manche Annehmlichkeit für Radfahrer. Detaillierte Informationen finden Sie unter *www.bettundbike.de.*

adfc Allgemeiner Deutscher Fahrrad-Club

Die Auflistung erhebt keinen Anspruch auf Vollständigkeit und stellt keine Empfehlung der einzelnen Betriebe dar.

Die römische Zahl (I-VII) nach der Telefonnummer gibt die Preisgruppe des betreffenden Betriebes an. Wir möchten Sie jedoch darauf hinweisen, dass die angegebenen Preiskategorien dem Stand des Erhebungs- bzw. Überarbeitungszeitraumes entsprechen und sich von den tatsächlichen Preisen unterscheiden können.

Besonders während Messezeiten, aufgrund von unterschiedlichen Zimmertypen und nicht zuletzt saisonal bedingt sind preisliche Schwankungen möglich.

Folgende Unterteilung liegt der Zuordnung zugrunde:

I	unter € 15,–
II	€ 15,– bis € 23,–
III	€ 23,– bis € 30,–
IV	€ 30,– bis € 35,–
V	€ 35,– bis € 50,–
VI	€ 50,– bis € 70,–
VII	über € 70,–

Die Preisgruppen beziehen sich auf den Preis pro Person in einem Doppelzimmer mit Dusche oder Bad inkl. Frühstück. Übernachtungsbetriebe mit Zimmern ohne Bad oder Dusche, aber mit Etagenbad, sind durch das Symbol nach der Preisgruppe gekennzeichnet.

Da wir das Verzeichnis stets aktuell halten möchten, sind wir für Mitteilungen bezüglich Änderungen jeder Art dankbar. Der einfache Eintrag erfolgt für die Betriebe natürlich kostenfrei.

Lüneburg

PLZ: 21335; Vorwahl: 04131

Tourist-Information, Rathaus/Am Markt, ✆ 2076620

H Bergström, Bei der Lüner Mühle, ✆ 3080, VII

H Bremer Hof, Lüner Str. 12-13, ✆ 2240, V-VI

H Bargenturm, Vor der Sülze 2, ✆ 7290, VI

H Alt-Lüneburger Kutscherstube, Heiligengeistr. 44-45, ✆ 44113, V

H Heidpark Lüneburg, Vor dem Neuen Tore 12, 21339, ✆ 67320, V-VI

H Kunsthotel Residenz, Munstermannskamp 10, ✆ 759910, ab V

H Parkhotel Lüneburg, Uelzener Str. 27, ✆ 41125, V

H Scheffler, Bardowicker Str. 7, ✆ 20080, V

H Seminaris, Soltauer Str. 3, ✆ 7130, VI

H Das Stadthaus-Hotel seit 1880, Am Sande 25, ✆ 44438, V

H Zum Roten Tore, Vor d. Roten Tore 3, ✆ 43041, V

H Zum Heidkrug, Am Berge 5, ✆ 24160, VI

P Altstadt-Gästehaus Drewes Wale, Auf der Altstadt 43, ✆ 709170, V

Pz Gästehaus „Am Brunnen“, Neue Str. 2, ✆ 04134/907455, III

Pz Am Roseneck, Meyer, Langenstr. 20, ✆ 49488428, III

Pz Am Waldrand, Deutsch-Evern-Weg 86, 21337, ✆ 760939, II

Pz Goerner, An der Buchholzer Bahn 15, 21339, ✆ 627 89, II

Pz Dartenne, Bei der St. Johanniskirche, ✆ 246924, II-III

Pz Franke, Lüner Weg 19a, 21337, ✆ 935503, II

Pz Eggers, Klostergang 12, ✆ 232830, III

Pz Sens, Klosterkamp 50, 21337, ✆ 50699, II

Jugendherberge, Soltauer Str. 133, ✆ 41864

Adendorf

PLZ: 21365; Vorwahl: 04131

H Gute Nacht, Reiherweg 1, ✆ 98410

Scharnebeck
PLZ: 21379; Vorwahl: 04136
Tourist Info, Marktplatz 1, ✆ 90721
Gasthaus Rose, Echemer Str. 1, ✆ 400, II
Gästehaus Kruse, Hauptstr. 12, ✆ 910700, II
Pz DAS Scharnebecker Gästehaus, Hauptstr. 18, ✆ 9119320, III
Pz Jahneke, Bardowicker Str. 57, ✆ 231, II
Pz Jahn, Finkenweg 2, ✆ 1402, II
Fw Haus Landidylle, Blinder Berg 11a, ✆ 8651, III
Fw Haus Waldblick, Duvenbernsweg 21, ✆ 521
Fw Landhaus Rosenring, Rosenring 18, ✆ 02153/6908

Rullstorf
Gh Harms, Alte Dorfstr. 7, ✆ 271, II
Fw Ellen, Zum Sauerbach 31, ✆ 8317, II-III
Neu Rullstorf, Am Neetzekanal 5, ✆ 7106, I

Neumühlener Weg
Fh „Villa Hollerbusch", Möhlenkamp 13, ✆ 8932, II

Neetze
PLZ: 21398; Vorwahl: 05850
Ev. Jugendbildungs-und Freizeitstätte Neetze, Lüneburger Landstr. 8, ✆ 05850/9781-0

Bleckede
PLZ: 21354; Vorwahl: 05852
Tourismusleitstelle Nord Elberadweg, Im ElbSchloss Bleckede, Schlossstr. 10, ✆ 951495.
H Zum Löwen, Lauenburger Str. 1, ✆ 940-0, V-VI
H Waldfrieden, Dahlenburger Str. 30, ✆ 97990,
P Landhaus An der Elbe, Elbstr. 5, ✆ 1230, III-VI
P Privates Schullandheim und Pension, Landstr. 12, ✆ 05854/1681, II
P Haus Elbtalaue, V.-Estorffs-Weg 25, ✆ 1221, II-III
P Radlerunterkunft Elbhof Harnisch, Wendischthuner Str. 15, ✆ 2945, III
P Soetbeer, Lauenburger Str. 3, ✆ 2870 od. 9519080, II-III
Fw Gästezimmer Strathusen, Sannemannweg 1, ✆ 3322, II
Fw Gödecke, Zollstr. 32, ✆ 727,
Fw Kruse, Große Str. 68, ✆ 703, III
Fw Ökohaus, Fritz-v.-d.-Berge-Str. 27, ✆ 390202

Bleckeder Moor
Pz Bleckeder Moor, Bleckeder Moor 26, ✆ 2590, II-III

Barskamp
Hh Meyer's Hof, Alt Garger Str. 1, ✆ 05854/237, II
Pz Haus unter den Eichen, Köstorfer Str. 13, ✆ 05854/967190, III

Göddingen
P Privates Schullandheim und Pension, Landstr. 12, ✆ 05854/1681, III

Neu-Bleckede
PLZ: 19273; Vorwahl: 038844
Fw Altes Deichvogthaus, Am Elbdeich 10, ✆ 21841, II-III

Neu Wendischthun
P Radlerherberge Alte Schule, Neu Bleckeder Str. 6, ✆ 038844/21840, II-III (auch)

Neu Garge
Gh Dat Goepelhus, Zur Alten Schmiede 3, ✆ 038841/21828, III-IV

Konau
P Zeit und Raum, Elbstr. 5, ✆ 0151/24060962, II

Darchau
Pz Graichen, Grenzstr. 9b, ✆ 038841/20657

Neu-Darchau
PLZ: 29490; Vorwahl: 05853
Pz Jünemann, Neu Darchau, ✆ 695, II
Pz Moormann, Elbuferstr. 38, ✆ 228, II

Glienitz
Pz Atelier und Gästehaus Elbengarten, Elbuferstr. 333, ✆ 05858/978988, III

Katemin
Pz Elvers, Nedderstweg6, ✆ 422, II

Klein Kühren
Elbufer, Elbuferstr. 141, ✆ 256

Neuhaus
PLZ: 19273; Vorwahl: 038841
Touristinfo, Am Markt 5, ✆ 20747
H Hannover, Parkstr. 1, ✆ 20778, IV-V
Gh Zur Börse, Kirchplatz 1, ✆ 20514, II
Pz Alte Deichvogtei, Rosengartenweg 1, ✆ III

Gülstorf
H Landhaus Elbufer, Elbstr. 3, ✆ 6140, V-VI

Stapel
PLZ: 19273; Vorwahl: 038841
H Landhaus Stapel, Wallberg 8, ✆ 61344, III

Stixe
PLZ: 19273; Vorwahl: 038845
Bh Ferienhof Mayer, Landweg 3, ✆ 41549, III

Laave
Pz Lauterschlag, Lübtheener Str. 12, ✆ 40294, II
Bh Bauer Voß, Lübtheener Str. 22, ✆ 41292, II

Bitter
Fw Lau, Elbstr. 5, ✆ 038855/51405 od. 0170/2409160, II-III

Hitzacker /Elbe
PLZ: 29456; Vorwahl: 05862
Tourist-Information Hitzacker, Am Markt 7, ✆ 96970
H Café Dierks, Kranplatz 2, ✆ 98780, V
H Parkhotel Hitzacker, Am Kurpark 3, ✆ 977-0, V-VI
H Hotel-Restaurant Scholz, Prof.-Borchling-Str. 2, ✆ 959100, III-V
H Zur Linde, Drawehnertorstr. 22-24, ✆ 347, III-IV
H Waldfrieden, Weinbergsweg 25-26, ✆ 96720, V-VI
H Lüneburger Hof, Lüneburger Str. 6, ✆ 1601, III
Gh Bürgerstube, Marschtorstr. 5, ✆ 6439, III-V
P Panorama, Prof.-Borchling-Str. 4, ✆ 210, II-III
Pz Braunschweig, Harlinger Str. 51, ✆ 7555, II-III
Pz Meyer, Drawehnertorstr. 17, ✆ 1239, II
Pz Radke, Von-Oeynhausen-Str. 4, ✆ 7350, II
Pz Stauch, Kaaßer Weg 2, ✆ 1484, II
Pz Thiemann, Harlinger Str. 59, ✆ 288, II-III
Pz Wilke, Harlinger Str. 52, ✆ 7279, II
Jh Hitzacker/Elbe, Wolfsschlucht 2, ✆ 244, II-III

Tießau
Campingplatz Waldbächlein, ✆ 7838

Laake
PLZ: 19273; Vorwahl: 038845
Fw Kobin, Elbstraße 15, ✆ 40409

Raffatz
Pz Ferienhof Alteneichen, Elbstraße 16, ✆ 41713
Fw Zum Storchennest, Elbstraße 17, ✆ 41838

Bohnenburg
Pz Stahmer, Elbstr. 6, ✆ 040/475726, III

Wehningen
PLZ: 19273; Vorwahl: 038845
Pz Alte Tischlerei, Hauptstr. 33, ✆ 038758/36593
Pz Drei Eichen, Feldstr. 6, ✆ 40071, II

Damnatz
PLZ: 29472; Vorwahl: 05865

H Steinhagen, Am Elbdeich 6, ✆ 554, III-IV
Hg Sonnenhof, Achter Höfe 5, ✆ 1575, III
P Ferienapp. Drave, Achter Höfe 32, ✆ 897, II

Dömitz
PLZ: 19303; Vorwahl: 038758
Tourist-Information, Rathauspl. 1, ✆ 22112
H Dömitzer Hafenhotel, ✆ 364290, V
P Radlerpension zur Festung, Goethestr. 15, ✆ 24484, III-IV
P Großmann, Schwarzer Weg 1, ✆ 22296, II-III
Pz Fuhrmann, Marienstr. 1, ✆ 24161, II
Pz Fam. Fähnrich, Marienstr. 5, ✆ 22626, II
Pz Berthel-Linke, Lenzener Str. 9, ✆ 22051, II
Pz Simone Schult, Roggenfelder Str. 16, ✆ 22278, II

Neu Kaliß-Heiddorf
PLZ: 19294; Vorwahl: 038758
H Eichenhof, OT Heiddorf, Ludwigsluster Str. 2, ✆ 3150

Malliß
PLZ: 19294; Vorwahl: 038750
Am Wiesengrund, Am Kanal 4, ✆ 21060

Kamerun:
P Schult und Schult, ✆ 20431, II

Liepe
P Gaststätte Bender, ✆ 038755/21004, II-III

Glaisin
PLZ: 19288; Vorwahl: 038754
P Zum Forsthof, Lindenstr. 16, ✆ 20550, III

Ludwigslust
PLZ: 19288; Vorwahl: 03874
Tourist-Information, Schlossstr. 36, ✆ 526 251
H Erbprinz, Schweriner Str. 38, ✆ 25040
H Landhaus Knötel, Kanalstr. 19, ✆ 22015, IV
H Wulff, Johannes-Gillhoff-Str. 19, ✆ 42240, II-IV
H Stadt Hamburg, Letzte Str. 4-6, ✆ 4150
H Landhotel de Weimar, Schlossstr. 15, ✆ 4180
H Mecklenburger Hof, Lindenstr. 40-44, ✆ 62039, V
P Braun, Neustädter Str. 11, ✆ 22411, II
P Schwarzenberg, Am Seminargarten 4, ✆ 22438
Naturerlebniszentrum Drusenhorst Zebef, Hamburger Tor 15, ✆ 666362

Stapel
P Landhaus Stapel, Wallberg 8, ✆ 61344, III

Neustadt-Glewe
PLZ: 19306; Vorwahl: 038757
H Merten, Breitscheidstr. 43, ✆ 5270, IV
H Glewe, Lederstr. 6, ✆ 560
H Grand Hotel Mercure Schloss, Schlossfreiheit 1, ✆ 5320
Gh Zum stolzen Siedler, Liebssiedlung 14a, ✆ 33662
P Pension am See, Schäferkamp 6, ✆ 23248
Tor zur Lewitz, Schäferkamp, ✆ 51050

Friedrichsmoor
PLZ: 19306; Vorwahl: 038757
H Jagdschloss Friedrichsmoor, Schloßallee 10, ✆ 54571, IV-V

Garwitz-Matzlow
Lewitzcamp Garwitz, An der Elde-Müritz-Wasserstraße, ✆ 0172/3157277

Spornitz
PLZ: 19372; Vorwahl: 038726

H Landhotel Spornitz, Am Alten Duetschower Weg 1, ✆ 880, V

Parchim
PLZ: 19370; Vorwahl: 03871

Tourist-Information, Blutstr. 5, ✆ 71550

H Brocki`s Hotel Stadt Hamburg, Lange Str. 87, ✆ 451020, IV

H Stadtkrug, Apothekenstr. 11-12, ✆ 62300, IV

H Kamino, Bauhofstr. 13, ✆ 727770

H Am Bahnhof, Ludwigsluster Str. 16, ✆ 441065

H Mecklenburger Hof, Mühlenstr. 45, ✆ 727472

H Motel Sportschule des Landesfußballverbandes MV, Voigtsdorferweg 18, ✆ 604302, III

H Am Wockertor, Auf dem Sassenhagen 91, ✆ 213382

Gh Zum heiligen Geisthof, Wockerstr. 5, ✆ 213491

Pz Kaussow, Paarscher Weg 14, ✆ 213225, II

Intern. Freizeitstätte lütt-pütt, Dargelützer Weg 15, ✆ 631918

Lübz
PLZ: 19386; Vorwahl: 038731

Tourist-Information,Am Markt 23, ✆ 507-420

H Christine, Goldberger Str. 4, ✆ 24219, III

H Zur Eldenburg, Am Markt 13, ✆ 56130, V

P Zum Lindeneck, Eisenbeissstr. 29, ✆ 47350, II

Pz Elschen, Parchimer Str. 34, ✆ 22302, I-II

Bobzin
Pz An der Bobziner Schleuse, Schleuse 1, ✆ 20777, II

Riederfelde
P Reiterhof, Riederfelde 15, ✆ 22811, II

Plau am See
PLZ: 19395; Vorwahl: 038735

Touristinfo, Marktstr. 20, ✆ 45678

H Aparthotel Am See, Kantor-Ehrlich-Str. 3d, ✆ 850, IV-V

H Eisenbahnromantik Hotel, Philosphenweg 2, ✆ 81970, III

H Klüschenberg, Klüschenberg 14, ✆ 49210, V-VI

H Falk Seehotel, H.-Niemann-Str. 6, ✆ 840, IV-VI

H Marianne, Quetziner Str. 77, ✆ 8230, V

H Kurhotel Reke, Dammstr. 29, ✆ 8170, V

H Gesundbrunn, H.-Niemann-Str. 11, ✆ 8140, V

H Fackelgarten, Dammstr. 26, ✆ 8530, V

H Ferienanlage zum See, Quetziner Str. 83, ✆ 46870, II

P Appelburg, Meyenburger Ch. 12, ✆ 45535, III

P An der Metow, Stietzstr. 34/36, ✆ 17671, V

P Zur Scheune, Lübzer Chaussee 12, ✆ 41188, III

P Holstein, Marktstr. 16, ✆ 44486, III

Jugendherberge, Dammstr. 43, ✆ 81591

Campingpark Zuruf, Seestr. 38d, ✆ 45878

Barkow
P Gutshaus Barkow, Dorfstr. 6, ✆ 8260, II-III

Quetzin (4 km nördlich)
H Heidekrug, Güstrower Chaussee 34, ✆ 8320, III

H Rosenhof, August-Bebel-Str. 10, ✆ 890, V

P Quetzin Schnack, Rathenauweg 1, ✆ 42086, III

Bad Stuer
PLZ: 17209; Vorwahl: 039924

H Stuersche Hintermühle, Seeufer 6, ✆ 720, IV-V

Campingplatz Bad Stuer, Am Seeufer 20, ✆ 2263

Kogel
Gh Gasthaus am See, Dorfstr. 10, ✆ 7030, III

Zislow
P Vollwertpension Landhaus Arche, Lenzer Weg 1, ✆ 700-0, III-IV

Wald- und Seeblick Camp, ✆ 2002

Naturcamping Zwei Seen, ✆ 2550

Woldzegarten
PLZ: 17209; Vorwahl: 039922

H Gutshof Woldzegarten, Walower Str. 30, ✆ 8220, V-VI

Röbel
PLZ: 17207; Vorwahl: 039931

H Haus Rheinsberg, Donnermarkweg 1, ✆ 3440

H Seestern, Müritzpromenade 12, ✆ 59294, IV-V

H Am Markt, Marktpl. 6, ✆ 8630, V

H Seglerheim, Müritzpromenade 11, ✆ 59181, III-IV

H Seelust, Seebadtr. 33a, ✆ 5830, V

H Müritzterrasse, Str. d. Deutschen Einheit 27, ✆ 8910, III-V

Hg Landhaus Müritzgarten, Seebadstr. 45, ✆ 8810, V

Pz Eichelberg, Marienfelder Weg 6, ✆ 59259, I

Pz Hackbusch, Seebadstr. 31a, ✆ 59582, I-II

Pz Herse, Stadtrandsiedlung 1a, ✆ 0174/3640033, II

Pz Kehrer, Marienfelder Weg 5, ✆ 59568, II

Pz Schön, Seebadstr. 33, ✆ 59278, II

Pz Semmler, Seebadstr. 03, ✆ 59515, III

Pz Siegemund, Marienfelder Str. 4, ✆ 59160, I

Pz Wagner, Mirower Str. 7, ✆ 50358, I-II

Campingpaltz Pappelbucht, Seebadstr. 38 a, ✆ 59113

Bollewick
H Scheunenhotel Bollewick, Dudel 1, ✆ 58070, III-IV

Gotthun
Gh Grüner Baum, Dorfstr. 6, ✆ 52669, IV

P Müritzblick, Reitweg 4, ✆ 52568, III

Pz Nitz, Müritzweg 2, ✆ 50737, II

Müritz Camp Gotthun, Schlossstr. 4, ✆ 52615

Campingplatz Hirschberg, ✆ 50965 od. 52615

Sietow
PLZ: 17209; Vorwahl: 039931

Tourist-Information Röbel, Str. d. Deutschen Einheit 7, ✆ 50651

H Wohnpark Sietow, Dorfstr. 20b, ✆ 8710, III

P Landhaus Sietow, Warener Str. 12, ✆ 51342, II

P Camping Sietower Bucht, Dorfstr. 21, ✆ 52068, II

Pz Rath, Malchower Str. 5, ✆ 51141, II

Camping Sietower Bucht, Dorfstr. 21, ✆ 52068

Waren (Müritz)

PLZ: 17192; Vorwahl: 03991

Waren (Müritz) Kur- und Tourismus GmbH, Neuer Markt 21, ✆ 666183

H Haus Kölpinsee, Am Eldenholz 23, ✆ 153710, IV
H Am Müritz-Nationalpark, Specker Str. 71, ✆ 62190, IV-V
H Kleines Meer, Alter Markt 7, ✆ 6480, V-VI
H Für Dich, Papenbergstr. 51, ✆ 64450, IV-V
H Seehotel Ecktannen, Fontanestr. 51, ✆ 6290 od. 629206, V-VI
H Villa Margarete, Fontanestr. 11, ✆ 6250, V-VI
H Paulshöhe, Falkenhäger Weg, ✆ 17140, IV-V
H Wasserbettenhotel, Lange Str. 1, ✆ 181540, IV-VI
H Reschke, Am Tiefwarensee, ✆ 181540, IV-V
H Stadt Waren, Große Burgstr. 25, ✆ 62080, V
H Kegel, Große Wasserstr. 4, ✆ 62070, IV-V
H Goldene Kugel, Große Grüne Str. 16, ✆ 61380, V
H Ingeborg, Rosenthalstr. 5, ✆ 61300, IV-VI
H Am Yachthafen, Strandstr. 2, ✆ 67250, V-VI
H Am Weinbergschloss, Weinbergstr. 2, ✆ 187277, III
H Weit Meer, Am Seeufer 54, ✆ 633054, V-VII
H Amsee, Amsee 6, ✆ 67360, V
H Onkel Hermann, Gr. Wasserstr. 5, ✆ 674944, V
H Am Bahnhof, Bahnhofstr. 19, ✆ 731038, III
H radlon Fahrrad-Komfort-Hotel, Kietzstr. 13a, ✆ 1805000, V
H Harmonie, Kietzstr. 16, ✆ 66950, V
H Am Tiefwarensee, Wossidlostr. 7, ✆ 7475100, V
H Zwischen den Seen, Am Mühlenberg 4, ✆ 631444, IV
Hg Haus Kim, Am Seeufer 75, ✆ 674540, V-V
P Am Mühlenberg, Wossidlostr. 3a, ✆ 180240, IV
P Zum Yachthafen, Rosenthalstr. 13, ✆ 635783, IV
P Müritz, Strelitzer Str. 126, ✆ 64210, IV
P Warener Hof, Mühlenstr. 6, ✆ 122448, IV-V
P Müritzblick, Richterstr. 1, ✆ 667674, IV
P Am Müritzhafen, Große Gasse 1, ✆ 731442, V
P Sonnenhof, Fontanestr. 33, ✆ 64290, IV
P Zur Sonne, Mozartstr. 17, ✆ 747377, III-V
P Christin, Rosenstr. 5, ✆ 4726571, IV
P Alte Warener Zeitung, Große Grüne Str. 11, ✆ 633717, V-VI
P Gästehaus Tina, Siedlungsweg 18, ✆ 663526, IV
P Zur Fledermaus, Am Teufelsbruch 1, ✆ 663293, III
P Landhaus Rügeband, Warener Str. 3, ✆ 664258, II-III
Pz Hilbricht, Gr. Wasserstr. 18, ✆ 674539, II
Pz Haus Sandra, Kirchenstr. 24, ✆ 672426, III
Pz Quisdorf, Rosenthalstr. 11, ✆ 666524, II
Pz Tost, Federower Weg 25, ✆ 668401, II
Pz Asmus, Papenbergstr. 28, ✆ 664574, II
Pz Borries, Buchenweg 30, ✆ 731723, I
Pz Fischer, Eldenholz 40, ✆ 120203, I
Pz Jakubasch, Helmut-von-Gerlach-Str. 11, ✆ 165972, II
Pz Kluge, Karl-Marx-Str. 33, ✆ 121230, I
Pz Schildt, Gievitzer Str. 24, ✆ 663386, II
Pz Schmidt, Am Seeufer 8, ✆ 664617, I
Pz Senftleben, Schillerstr. 13, ✆ 122162, II
Pz Sonnet, Gievitzer Str. 62, ✆ 666177, II
Pz Szabowsky, Papenbergstr. 25, ✆ 666531, II
Pz Winkelmann, Radenkämpen 8, ✆ 668808, II
Pz Zergenge, Eldenholz 15, ✆ 120731, I
Pz Zeuschner, Unterwallstr. 4, ✆ 673485, II-IV
Fw Haus am Kölpinsee, Am Edenholz 25 b, ✆ 182590 oder 05245/3214, III

Jugendherberge, An der Feisneck 1a, ✆ 186900, II-III

Campingplatz Ecktannen, Fontanestr. 66, ✆ 668513, ganzjährig geöffnet

Campingplatz Kamerun, ✆ 122406

Kargow

Pz Pfeifer, Federower Str. 4, ✆ 670187

Federow

H Gutshaus Federow, Am Park 2, ✆ 674980
Bh „Die bunde Kuh", Am Parkplatz, ✆ 670038 od. 670070

Schwarzenhof

H Nationalparkhotel Kranichenrast, ✆ 67260, V

Klink

H Gutshaus am Schloss Klink, Schulstr. 8, ✆ 1514-0, IV
H Müritz Hotel GmbH, Am Seeblick 1, ✆ 141855, V-VI
Pz Oesterheld, Müritzstr. 21, ✆ 122914

Sembzin

H Sembziner Hof, Dorfstr. 24, ✆ 121990, III-IV

Boek

PLZ: 17248; Vorwahl: 039823

Tourismusinformation „Südliche Müritzregion" Rechlin, Müritzstr. 51, ✆ 21261

H Müritz-Park, Boeker Str. 3, ✆ 21559, IV
P Landhaus Boek, Boeker Str. 4, ✆ 29120, IV
P Jägerrast, Boeker Str. 22, ✆ 21356, IV

Campingplatz Boek C 16, ✆ 21261 od. 21807

Boeker Mühle

H Müritzhöh, Boeker Mühle, ✆ 21682, IV

Campingplatz Bolter Ufer C 15, ✆ 21261 od. 21211

Naturcamping Bolter Kanal, ✆ 2530

Rechlin

PLZ: 17248; Vorwahl: 039823

Zimmervermittlung Tourismusinformation Rechlin, ✆ 21261

Mirow

PLZ: 17252; Vorwahl: 039833

Tourist-Information, Kavaliershaus Schlossinsel, ✆ 27567

H Mecklenburger Hof, Töpferstr. 1, ✆ 2620, III-V
H An der Seepromenade, R.-Breitscheid-Str. 49, ✆ 2820, IV
Gh Blaue Maus, Schlossstr. 11, ✆ 21734, III
Gh Zum goldenen Löwen, Strelitzer Str. 29, ✆ 20301, III
P Seehotel, Schlossinsel 3, ✆ 20346, IV
P Ex, Retzower Str. 24a, ✆ 20510, II
P Gästehaus am See, Seessiedlung 24, ✆ 20528, III
P Herberge zur Heimat, Strelitzer Str. 32, ✆ 20495
P Strandhotel, Strandstr. 20, ✆ 22019, V
Pz Grünheid, Beethovenstr. 1, ✆ 20928, II
Pz Grumbach, Neuer Markt 3, ✆ 20479, II
Pz Giebe, Granzower Str. 28, ✆ 21006, I
Pz Moritz, Rudolphistr. 32, ✆ 21764, I

Jugendherberge, ✆ 20726, I

Campingplatz Strand Mirow, ✆ 20806

Kanustation Mirow, ✆ 22098

Granzow

H Aparthotel Seepanorama, Dorfstr. 1a, ✆ 604340

Waldhaus am Ferienpark, Dorfstr., ✆ 20276, I,
h Sommerhof, Seeuferstr. 22, ✆ 21800,
Kanustation Granzow, Dorfstr. 1b, ✆ 21800

Peetsch

„Am Peetscher See", Dorfstr. 23, ✆ 21315, III
Camping C42, ✆ 22274

Schwarz

PLZ: 17252; Vorwahl: 039827
Tourist-Information Mirow, Torhaus, ✆ 28022
Pz Jahn-Günther, Dorfstr. 8a, ✆ 30543
Jugendbegegnungsstätte Forsthof Schwarz, ✆ 7520
Naturcamping am Zethener See, ✆ 30221 o. 7520
Naturcamping Junge, ✆ 30642

Fleeth

PLZ: 17252; Vorwahl: 039833
Ferienidyll am Rätzsee-Fleether Mühle, ✆ 22095
Pack & Paddel, Fleether Mühle 4, ✆ 26727

Diemitz

PLZ: 17252; Vorwahl: 039833
Pz Biber Ferienhof, Diemitz Schleuse 5, ✆ 039827/799888, IV-V (o. Frühst.)
Naturcamping am Rätzsee, ✆ 22095
Biber-Camping, ✆ 039827/799888
Naturcampingplatz Am Mössensee, ✆ 22030 o. 22040

Canow

PLZ: 17255; Vorwahl: 039828
H Ambiente, Canower Allee 21, ✆ 20053, III-IV
H Heidekrug, Grünplan, ✆ 600, V
P Zur Schleuse, Canower Allee 20, ✆ 20392, II-III
P Ferienpark Canow, direkt am Labussee, ✆ 20679
Camping am Kleinen Pälitzsee, Am Canower See 165, ✆ 039232/20657
Camp am Labussee, Mirower Landstr. 4, ✆ 20272

Drosedow

PLZ: 17255; Vorwahl: 039828
H Schloss Drosedow, Dorfstr. 28, ✆ 26953, VI
Am Gobenowsee, Am See, ✆ 20355
FKK-Camping am Rätzsee, Infos über Haveltourist-Campingpark Havelberge, ✆ 03981/24790

Wesenberg

PLZ: 17255; Vorwahl: 039832
Tourist-Information, Burg 1, ✆ 20621
H Borchard's Rookhus am See, Am Großen Labussee, ✆ 500, VI-VII
H Borchards Radlhus, Am Kuhschietgang, ✆ 26430, III-IV
P Ferienbungalow in Seewalde, Hauptstr. 3, ✆ 039828/20275, II-III
Pz Wehden, Wustrower Ch. 2, ✆ 21280 od. 0162/205100, II
BB Wesenberg, Bahnhofstraße 15, ✆ 20043, III
Fw Stöckel, Neustrelitzer Chaussee 2, ✆ 20241, II,
Bh Spanka/Serjogin, Dorfstr. 29, ✆ 20074, II-III
Camping am Weißen See, Infos über Haveltourist-Campingpark Havelberge, ✆ 03981/24790
Ihr Familienpark, Am kleinen Labussee, ✆ 20525
Kanu-Mühle, Havelmühle 1, ✆ 20350

Johannesruh

H Johannesruh, Johannesruh 1, ✆ 039828/20226, II-III

Wustrow

P Ferienhausanlage „Plätlinseecamp", Fischwerweg 10, ✆ 039922/2189 od. 039828/20241, II-III

Klein Quassow

PLZ: 17255; Vorwahl: 039832
H Ferienanlage Labussee, ✆ 20488, III-IV

Zwenzow

PLZ: 17237; Vorwahl: 039832
Tourist-Information Wesenberg, Burg 1, ✆ 20621
Hg Amy`s Wohlfühlvilla, Dorfstr. 1, ✆ 28100, V-VI
Zwenzower Ufer, Großer Labussee, Info über Haveltourist-Campingpark Havelberge ✆ 03981/24790

Userin

PLZ: 17237; Vorwahl: 03981
Tourist-InformationNeustrelitz, Strelitzer Straße 1, ✆ 253119
FKK-Camping am Useriner See, Infos über Haveltourist-Campingpark Havelberge, ✆ 03981/24790

Groß Quassow

PLZ: 17255; Vorwahl: 039832
Tourist-Information Neustrelitz, Strelitzer Str. 1, ✆ 03981/253-119
P Storchennest, Dorfstr. 36, ✆ 238551, III
Pz Kolbatz, Groß Quassow 34, ✆ 200957
Campingplatz Havelberge, An den Havelbergen 1, ✆ 24790

Neustrelitz

PLZ: 17235; Vorwahl: 03981
Tourist-Information,Strelitzer Str. 1, ✆ 253-119
H Park Hotel Fasanerie, Karbe-Wagner-Str. 59, ✆ 4890100, V-VI
H Haegert, Zierker Str. 44, ✆ 200305, IV-V
H Schlossgarten, Tiergartenstr. 15, ✆ 24500, IV-V
H öko-hotel - basiskulturfabrik, Sandberg 3a, ✆ 203145, III-V
P Bootshaus, Useriner Str. 1, ✆ 239860, IV-V
P China-Haus, Markt 6, ✆ 206421, II (o. Frühst.)
P Foto art-Hotel Klaffke, Alte Mühlenstr. 14, ✆ 244081, III-IV
P Forsthaus Strelitz, Berliner Chaussee 1, ✆ 447135, II
P Luisenstube, Seestr. 8, ✆ 200777, III-IV
P Wein-Welt-Laden, Seestr. 37, ✆ 3494280, II
Pz Gierke, Riefstahlstr. 15a, ✆ 443161, II
Pz Göcks, Sonnenweg 4, ✆ 443077, II
Pz Rose, Strelitzer Chaussee 271, ✆ 445455, II
Pz Kniehs, Fürstenberger Str. 24a, ✆ 440590, II
Pz Rahn, Lessingstr. 65, ✆ 444133, II
Pz Lösel, Schlangenallee 22, ✆ 445315, II

Prälank

H Landhotel am See, Kalkofen 4, ✆ 200910, IV-V

Klein Trebbow

P Seeblick, Dorfstr. 20, ✆ 0800/8732269, III-V

Carpin

PLZ: 17237; Vorwahl: 039821
Fremdenverkehrsverein „Seenlandschaft Serrahn-Wanzka" e.V. Blankensee, Lindenstr. 17 a, ✆ 12315 od. 12237
Gh Am Schlesersee, Hauptstr. 25, ✆ 40770, II

Blankensee
PLZ: 17237; Vorwahl: 039826

i Fremdenverkehrsverein „Seenlandschaft Serrahn-Wanzka" e.V. (Zimmervermittlung), Lindenstr. 17a, ✆ 12315 od. 12237

P Erbkrug A. Krüger, Kirchstr. 10, ✆ 12742, II

Pz Gudat, Lindenstr. 24, ✆ 12237, II

Prillwitz
PLZ: 17237; Vorwahl: 039824

i Stadtinformation Neustrelitz, Strelitzer Straße 1, ✆ 253119

H Jagdschloss Prillwitz, Prillwitz 8 ✆ 20345, V

Alt Rehse
PLZ: 17217; Vorwahl: 03962

P Altes Pfarrhaus, Pfarrhaus 8, ✆ 210243, II-III

Siehdichum
PLZ: 17217; Vorwahl: 03962

Fw Wieting, Dorfstr. 40, ✆ 210536, II

Mallin
PLZ: 17217, Vorwahl: 03962

H Am Schlosspark, Schlossallee 1, ✆ 25520, III-IV

Neubrandenburg
PLZ: 17033; Vorwahl: 0395

i Stadt Info, Stargader Str. 17, ✆ 19433

H Am Ring Neubrandenburg, Gr. Krauthöfer Str. 1, ✆ 5560, III-IV

H Horizont, Otto-v.-Guericke-Str. 7, ✆ 5698428, IV

H Radisson Blue Hotel, Treptower Str. 1, ✆ 55860, IV-V

H Parkhotel Neubrandenburg, Windbergsweg 4, ✆ 55900, IV-V

H Jahnke, Rostocker Str. 12, ✆ 58170-0, III

H Haus des Sports, Schwedenstr. 25, ✆ 566 63 50, IV-V

H Badeshaus, Parkstr. 3-4, ✆ 5719240, V

H Seeperle, Seestr. 21, ✆ 5442060, III

H Sankt Georg, Sankt Georg 6, ✆ 5443788

Hg Weinert, Ziegelbergstr. 23, ✆ 581230, III-IV

P Nobel-Hobel, Morgenlandstr. 25, ✆ 5665157, III

P Sportpension, Weidenweg 6, ✆ 5823169

Fw Schaffer, Schwedenstr. 19, ✆ 57083421

Broda
H Landhotel Broda, Oelmühlenstr. 29, ✆ 569170, V-VI

Zirzow (5 km nordwestlich)
P Reiterhof Zum Mühlental, Mühlenstr. 11, ✆ 5823349

Pz Grönow, Am Anger 5, ✆ 5824285, I

Wulkenzin
PLZ: 17039

P Daggis Möllerei, Dorfstr. 23a, ✆ 5826133, II

Brohm-Cosa
Pz Star Camp, Bergstr. 2, ✆ 03968/211247, II

Star Camp, ✆ 03968/211247

Rattey
PLZ: 17349; Vorwahl: 03968

H Schloss Rattey, Rattey 21, ✆ 255010, V

Galenbeck
PLZ: 17099; Vorwahl: 039607

P Fischerhaus, Zum Fischerhaus 12, ✆ 26564, II

Rohrkrug
PLZ: 17335; Vorwahl: 039772

Pz Kipry, Dorfstr. 1, ✆ 20306, II

Gehren
PLZ: 17335; Vorwahl: 039772

Pz Kunze, Gehren 56, ✆ 26881, II

Jugendbegegnungsstätte im Grünen, Dorfstr. 3-4, ✆ 20461, II

Neuensund
PLZ: 17335; Vorwahl: 039772

Fw Renate Geserich, Dorfstr. 68, ✆ 20555

Rothemühl
PLZ: 17397; Vorwahl: 039772

Pz Fey, Dorfstr. 71, ✆ 20210, II

Nettelgrund
Hg Alte Försterei Nettelgrund, ✆ 20320, III

Ferdinandshof
PLZ: 17379; Vorwahl: 039778

Pz Bleck, Bahnhofstr. 21, ✆ 20462, II

Pz Hanisch, Friedrichstr. 41, ✆ 29225, III

Blumenthal
Pz Schlee, Blumenthal 36, ✆ 29624, I

Ueckermünde
PLZ: 17373; Vorwahl: 039771

i Tourist-Information, Altes Bollwerk 9, ✆ 28484 (bis Herbst 2011 Ueckerstr. 96)

H Am Markt, Am Markt 3/4, ✆ 800, IV-V

H Pommern Yacht, Altes Bollwerk 1b, ✆ 2150, IV-V

H Pommern Mühle, Liepgartener Str. 88a, ✆ 2000, V

H Lagunenstadt Ueckermünde AG, Zum Strand 2, ✆ 53029,

III
Am Rosengarten, Ravensteinstr. 1, ✆ 54111, III
Berufsförderzentrum, Usedomer Str. 5a, ✆ 23608, I
Zur grünen Heide, Berndshof 18, ✆ 22034, II-III
Kuhn, Liepgartener Str. 80, ✆ 59333, II-III
Peters, Haffstr. 1b, ✆ 27819, II-III
z Magrid Meier, Ueckerstr. 35a, ✆ 0173/2172066
w Kliewe, Hospitalstr. 2, ✆ 22219, II

Bellin (5 km östlich)
Haffhus, Dorfstr. 35, ✆ 5370, III-V
Am Stettiner Haff, Dorfstr. 4a, ✆ 59066, III
Usedomer Blick, Dorfstr. 19, ✆ 24033, III
Ferienanlage Bellin, Dorfstr. 54, ✆ 54506
Ferien und Freizeit Kron Bellin, Dorfstr. 8b, ✆ 5911-0

Grambin
LZ: 17375; Vorwahl: 039774
Haff-Hotel Grambin, Dorfstr. 67 a, ✆ 20392, III
Campingpark Oderhaff, Dorfstr. 66a, ✆ 20420

Mönkebude
LZ: 17375; Vorwahl: 039774
Touristikinformation, Am Kamp 13, ✆ 20323
Landhaus Mönkebude, Am Kamp 7, ✆ 29930, III
Goldener Löwe, Alte Dorfstr. 51, ✆ 20391
Cafe und Bistro Mönke´s Bude, Haffstr. 11, ✆ 20344

Leopoldshagen
LZ: 17375; Vorwahl: 039774
z/Fw Fahrradraststätte Haus Lena, Bahnhofstr. 212, ✆ 29029 od. 0170/8392387, II

Bugewitz
PLZ: 17398; Vorwahl: 039726
P Zum alten Hafen, Dorfstr. 10, ✆ 20592

Anklam
PLZ: 17389; Vorwahl: 03971
Tourist-Information,Markt 3, ✆ 835154
H Pommernland, Friedländer Landstr. 20c, ✆ 29180, IV-V
H Am Stadtwall, Demminer Str. 5, ✆ 833136, V
H Am Bollwerk, Neue Torstr. 5, ✆ 242524, V
H Schwarz, Eckstr. 1 a, ✆ 832742, IV
P Am Flugplatz, Friedländer Landstr. 18a, ✆ 258530
P 1a, August-Bebel-Str. 25, ✆ 833973
P Pension der Volkshochschule Ostvorpommern, Pasewalker Allee 23, ✆ 833123

P Möhr, Bluthsluster Str. 21a, ✆ 210635, II
P Villa Reisefreunde, Spantekower Landstr. 20, ✆ 245866, III
Caravan Club Anklam e.V., Entensteig, ✆ 245149 od. 0171/8304224
Wasserwanderrastplatz (neben Caravan Club), Buchung über: Kanustation Anklam, Werftstr. 6, ✆ 242839

Murchin
PLZ: 17390; Vorwahl: 03971
Jugendherberge, An der Jugendherberge 1, ✆ 21073, I-III

Zecherin
PLZ: 17406; Vorwahl: 038372
Fw Peters, Peenestromhof, ✆ 70649

Mönchow
PLZ: 17406; Vorwahl: 038372
Fw Steffens Ferienwohnung, Dorfstr. 14, ✆ 70665

Usedom
PLZ: 17406; Vorwahl: 038372
Stadtinformation, Bäderstr. 5, ✆ 70890
H Norddeutscher Hof, Markt 12, ✆ 70266
Gh Natzke, Geschwister-Scholl-Str. 5, ✆ 70398, III-IV

Suckow
PLZ: 19079; Vorwahl: 03861
H Zur Tenne, Am Dorfpl. 10a, ✆ 301258

Stolpe auf Usedom
PLZ: 17406; Vorwahl: 038372
H Stolperhof, Landweg 1, ✆ 71081
Fw Kramer, Zur Trift 1-10, ✆ 0212/2591039, II-V

Fw „Am Haff", Zur Trift 4, ✆ 7530, V

Dargen
PLZ: 17419; Vorwahl: 038376
Gh „to´n Eikbom", Haffstr. 19, ✆ 20421, III-IV
Fw Geithner, Haffstr. 34, ✆ 20340, III

Bossin
PLZ: 17419; Vorwahl: 038376
Fw Will B., Haffbergstr. 2, ✆ 28450, III

Kamminke
PLZ: 17419; Vorwahl: 038376
P Haffblick, Wieckstr. 12, ✆ 20203
P Ferienhof Seepferdchen, An der Mühle 2, ✆ 29696, II
Jugendbegegnungsstätte Golm, Dorfstr. 33, ✆ 2900, II
Ferienhof Seepferdchen, An der Mühle 2, ✆ 29696

Korswandt
PLZ: 17419; Vorwahl: 038378
H Pirol, Hauptstraße 10, ✆ 22120, IV
H Idyll am Wolgastsee, Hauptstraße 9, ✆ 22116, V
P Am Gothenweg, Am Gothenweg 4, ✆ 465150, IV-V
Fw Becker, Hauptstr. 1 b, ✆ 31869, II-III
Korswandt, Nähe Wolgastsee, ✆ 22110

Seebad Ahlbeck
PLZ: 17419; Vorwahl: 038378
Tourist-Information Ahlbeck, Dünenstr. 45, ✆ 499350, Zentrale Zimmervermittlung 01805/583783 (0,14 €/Min.)
H Ahlbecker Hof, Dünenstr. 47, ✆ 620, VI
H Auguste Victoria, Bismarckstr. 1/2, ✆ 241-0, V-VI

H Meereswelle, Seestr. 11, ✆ 28116, V
H Möve, Kirchenstr. 8, ✆ 600, V
H Ostende, Dünenstr. 24, ✆ 510, VI
H Ostsee, Dünenstr. 41, ✆ 600, V-VI
H Residenz Waldoase, Dünenstr. 1, ✆ 500
H Seestern, Seestr. 14, ✆ 670, V-VI
H Strandhotel, Dunenstr. 19-21, ✆ 52-0, VI
Hg Eden, Goethestr. 2, ✆ 238-0, V-VI
Hg Villa Regina, Ritterstr. 7, ✆ 238-0, V-VI
Hg Villa Sophie, Dünenstr. 28, ✆ 520
P Carlsburg, Stresemannstr. 2, ✆ 22570, III-V
P Zur Eiche, Lindenstr. 108, ✆ 28258, III
P Frohsinn, Kaiserstr. 49, ✆ 32473, V
P Kastanienhof, Schulweg 1, ✆ 28368, IV
P Villa Transvaal, Friedrichstr. 11, ✆ 22162, V-VI
Pz Andreae, Siedlung am Bahnhof 15, ✆ 30298, I
Pz Arndt, Gothenweg, ✆ 30400, I
Pz Fellert, Seestr. 22a, ✆ 30157, I
Pz Hartwig, Bergstr. 8, ✆ 30044, II
Pz Kracht, Kirchenstr. 8, ✆ 22191, I
Pz Krenz, Siedlung Ostend 12, ✆ 30297, II
Pz Lasar, Karlstr. 5, ✆ 34732, I
Pz Villa Melanie, Neue Straße 9, ✆ 30088, I-II
Pz Niclas, Gothenweg 12a, ✆ 30393, IV
Pz Oechsner, Friedrich-Ebert-Ring 21, ✆ 30520, I
Pz Ott, Strandstr. 7a, ✆ 30199, II
Pz Pfeiffer, Dreherstr. 9, ✆ 28506, I
Pz Radke, Kieferngrund 3, ✆ 31391, II
Pz Reimer, Schulstr. 2, ✆ 28212, II
Pz Retzlaff, Siedlung am Bahnhof 25, ✆ 30284, I,
Pz Scharlau, Dreherstr. 18, ✆ 22102, II
Pz Schmidt, Kirchenstr. 1, ✆ 32723, I
Pz Schmigale, Strandstr. 2, ✆ 3550, II-III
Pz Scholz, Kaiserstr. 30, ✆ 32173, I
Pz Schulz, Fr.-Schiller-Str. 27, ✆ 28280, I
Pz Stachelhaus, Korswandter Weg 18, ✆ 22184, I
Pz Stegemann, Kleingartengelände 72, ✆ 28363, I
Pz Stengel, Dünenstr. 9, ✆ 28481, II
Pz Werner, Goethestr. 18, ✆ 30503, I

Seebad Heringsdorf

PLZ: 17424; Vorwahl: 038378
Tourist-Information, Kulmstr. 33, ✆ 245-1 oder Zentrale Zimmervermittlung 01805/583783 (0,14 €/Min.)
H Aurelia, Grenzstr. 1, ✆ 47760, III
H Coralle, M.-Gorki-Str. 57, ✆ 770, V-VI
H Villa Bleichröder, Delbrückstr. 14, ✆ 31952, V-VI
H Esplanade, Seestr. 5, ✆ 700, V-VI
H Am Gothensee, Am Gothensee 2, ✆ 31283
H Kaiserhof, Strandpromenade, ✆ 650, VI
H Kurhotel, Delbrückstr. 1-4, ✆ 82222, V-VI
H Oasis, Strandpromenade, ✆ 265-0, VI-VII
H Pommerscher Hof, Seestr. 41, ✆ 610, VI-VII
H Seeck, Seestr. 1, ✆ 47180, V-VI
H Stadt Berlin, Bülowstr. 15, ✆ 22311, V
H Strandhotel, Liehrstr. 10, ✆ 232-0, V-VI
H Ostseeblick, Kulmstr. 28, ✆ 540, VI
H Boje, Kulmstr, 6, ✆ 264-0,V-VI
H Ostseestrand, Eichenweg 4-5, ✆ 630, VI-VII
H Residenz, Kanalstr. 1, ✆ 32000, V
H Wald und See, R.-Breidscheid-Str. 8, ✆ 47770, V
H Weißes Schloss, R.-Breidscheid-Str. 3, ✆ 31984, V
Hg Villa FLora, Kirchsteig 2, ✆ 477613, V
Hg Villa Luise, Lindenstr. 9, ✆ 22296, V
P Alexander, Friedenstr. 27, ✆ 30615, V
P Bethanienruh, Badstr. 11, ✆ 22430, II-IV
P Diekelmann, Schulstr. 5, ✆ 22744, III
P Dünenweg, Dünenweg 16, ✆ 22396, III
P Erdmann, R.-Breidscheid-Str. 7, ✆ 31678, II-IV
P Haus Flora, Kirchsteig 2, ✆ 47270, III-V
P Hollatz, M.-Gorki-Str. 61, ✆ 22518, III
P Linde, Triftstr. 7a, ✆ 31189, IV-VI
P Mittag, Labahnstr. 13a-c, ✆ 31108, IV
P Villa Neptun, M.-Gorki-Str. 53, ✆ 260-0, V
Pz Beyer, Schulstr. 21, ✆ 31253, I
Pz Gottschalk, Lindemannstr. 16, ✆ II
Pz Hamann, Labahnstr. 21, ✆ 22449, I
Pz Kaiser, Kulmstr. 30, ✆ 22208, II
Pz Kerlikowski, Badstr. 5, ✆ 22612, II
Pz Kohr, Delbrückstr. 49, ✆ 31834, II
Pz Lahl, Delbrückstr. 60, ✆ 22483, I
Pz Lange, Puschkinstr. 5, ✆ 30582, I
Pz Palfner, Am Gothensee 27, ✆ 31259, I-II
Pz Radke, Kulmstr. 29, ✆ 22540, II-III
Pz Roscher, Delbrückstr. 36, ✆ 30565, I-II
Pz Saß, Badstr. 12, ✆ 31107, II
Pz Sauer, M.-Gorki-Str. 6, ✆ 22753, II
Pz Schneider, Kanalstr. 3, ✆ 22427, I
Pz Schreiber, Labahnstr. 2, ✆ 22932, II
Pz Sprinzek, Neuhofer Str. 69, ✆ 22875, II
Pz Städig, Am Kanal 4, ✆ 22645, I
Pz Stahl, Am Schulberg 56, ✆ 30619, II
Pz Tucholke, Schulstr. 14, ✆ 22984, II
Pz Wießmann, A.-Bebel-Str. 12, ✆ 22728, II
Pz Wießmann, A.-Bebel-Str. 13, ✆ 22879, II
Pz Wießmann, Am Schulberg 68, ✆ 28931, I
Pz Zippel, Labahnstr. 3, ✆ 22615, I
Fw Haus Gaja, Im Seefeld 15, ✆ 47378, II
Jugendherberge, Puschkinstr. 7, ✆ 22325

Seebad Bansin

PLZ: 17429; Vorwahl: 038378
Tourist-Information, Waldstr. 1, ✆ 477110 oder Zentral Zimmervermittlung 01805/583783 (0,14 €/Min.)
H Admiral, Strandpromenade 36, ✆ 66-0, V-VI
H Atlantic, Strandpromenade 18, ✆ 605, VI
H Baltic, Bergstr. 7, ✆ 530, V
H Bansiner Hof, Strandpromenade 27, ✆ 55-0, V
H Buchenpark, Seestr. 83, ✆ 22958, V
H Forsthaus Langenberg, ✆ 29101, V-VI
H Germania, Strandpromenade 25, ✆ 2390, V
H Villa Ingeborg, Bergstr. 25/26, ✆ 29247, III-V
H Kaiser Wilhelm, Strandpromenade 26, ✆ 2420, V-VI
H Möwe, Strandpromenade 29, ✆ 272-0, V-VI
H Schloonsee, Badstr. 2, ✆ 29120, IV-V
H Parkhotel, Seestr. 55-57, ✆ 47000, IV-V
H Zur Post, Seestr. 5, ✆ 560, V
P An der See, Strandpromenade 17, ✆ 29346, IV-V
P Blumenthal, Bergsr. 36/37, ✆ 30821, III-IV
P Villa von Desny, Strandpromenade 4, ✆ 2430, V
P Elsbeth, Waldstr. 31, ✆ 29231, II
P Strandvilla Imperator, Bergstr. 11/12, ✆ 22576, III-V

P Sengbusch, Dorfstr. 21a, ✆ 31091, III
P Villa Strandglück, Strandpromenade 3, ✆ 29475, III-IV
P Wald am Meer, Fischerweg 6, ✆ 35410, V
Pz Ganzow, Dorfstr. 2, ✆ 31081, I
Pz Labahn, Seestr. 35, ✆ 30924, II
Pz Neufeldt, Seestr. 24, ✆ 30921, II
KDK-Camping, Waldparkplatz, ✆ 29248
Neusallenthin, An den Krebsseen 8, ✆ 31587

Neusellenthin

H Bergmühle, Benzer Chaussee 5, ✆ 499040, IV-V

Ückeritz

PLZ: 17459 ; Vorwahl: 038375
Kurverwaltung, Bäderstr. 5, ✆ 2520
H Buchfink, Am Kurplatz 10, ✆ 2290, IV-V
Naturcampingplatz, Im Küstenwald, ✆ 20923
Camping Hafen Stagniess, Am Achterwasser, ✆ 20423

Kölpinsee

PLZ: 17459;Vorwahl:038375
Touristinformation, Strandstr. 23, ✆ 22780
Stubbenfelde, Im Küstenwald, ✆ 20606

Koserow

PLZ: 17459; Vorwahl: 038375
Kurverwaltung, Hauptstr. 34, ✆ 20415
H Hanse-Kogge, Hauptstr. 22, ✆ 2600, V-VI
Am Sandfeld, Am Sandfeld 5, ✆ 20759

Zempin

LZ: 17459; Vorwahl: 038377
Fremdenverkehrsamt, Fischerstr. 1, ✆ 42162
P Dünenhaus, Oberförsterweg 16, ✆ 42151, III-V

Zinnowitz

PLZ: 17454; Vorwahl: 038377
Kurverwaltung, Neue Strandstr. 30, ✆ 4920
H Kastanienhof, Ahlbecker Str. 14, ✆ 40924, IV
H Naturfreundehaus, Dünenstr. 45, ✆ 770, IV-V
H Asgard, Dünenstr. 20, ✆ 467-0, VI
H Pommerscher Hof, Kiefernweg 4, ✆ 42643, III-V
P Barghus, Bergstr., ✆ 4590, VI (ohne Frühstück)
Campingplatz, ✆ 40348

Trassenheide

PLZ: 17449; Vorwahl: 038371
H Familotel Waldhof, Forststr. 9, ✆ 500, V
H AKZENT Kaliebe, Zeltplatzstr. 5, ✆ 520, III-VI
H Seeklause, Mölschowerweg 1a, ✆ 2670, III-V
H Waldhof, Forststr. 9, ✆ 900, IV-VI
P Fischer-Haus, Kampstr. 6, ✆ 20974, II-V
Ostseeblick, Zeltplatzstr., ✆ 20949

Karlshagen

PLZ: 17449; Vorwahl: 038371
Touristinformation, Hauptstr. 36, ✆ 20758 oder Tourismusverein Insel Usedom Nord e.V., Strandstr. 22, ✆ 28135
H Nordkap, Strandstr. 8, ✆ 550, V
H Dünenschloß, Strandstr. 11, ✆ 2620, V
H Strandhotel, Strandpromenade 1, ✆ 2690, V
H Usedom-Nike, Hugo-Elsner-Str. 5, ✆ 25166, V
Gh Peenemünder Eck, Strandstr. 1, ✆ 21815, IV
Gh Letzter Heller, Gartenstr. 48, ✆ 28154, III
P Vratny, Maiglöckchenberg 19, ✆ 28415, III
Pz Schwalbe, Hauptstr. 23, ✆ 20234, III
Pz Dreischang, Dünenstr. 23, ✆ 05295-930233, IV
Dünencamp, Im Küstenwald, ✆ 20291 oder 20758

Wolgast

PLZ: 17438; Vorwahl: 03836
Wolgast-Information, Rathausplatz 6, ✆ 600118
H Kirschstein, Schützenstr. 25, ✆ 27220, III-V
H Petris Garten, Lange Str. 1, ✆ 237735, III
H Zur Insel, Drosselweg 6, ✆ 201077, VI
Hg Peenebrücke, Burgstr. 2, ✆ 2726-0, V
Hg Schilfhaus, Am Fischmarkt 7, ✆ 237100, V
P Alte Molkerei, Wilhelmstr. 29b, ✆ 233076, III
P Am Peeneufer, Badstubenstr. 24, ✆ 202673, III-IV
P Zum alten Schweden, Breite Str. 18b, ✆ 27370, II-IV
P Spitzenhoernbucht, Am Fischmarkt 52-56, ✆ 203422, III-IV
P Weidenhof, Tannenkampweg 52, ✆ 234020, III-IV

Danke

Dank an alle, die uns bei der Erstellung dieses Buches tatkräftig unterstützt haben, im besonderen an: U. Papendieck, Darmstadt; E. Wilmersdorf, Wien; G. Recker, Wallenhorst; A. Fischer v. Mollard, Wuppertal; E. Meyer-Bartels; H. Wolf; F.-J. Storksberger, Nordwalde; E. Kurth, Bremen; V. Steffen, U. Mauthe; K. Berge, Vallendar; H. u. U. Just; C. Pour, Hannover; F. Hanau, Rahden; Dr. T. Link; H. Herden, Wien; Hr. Mense; W. Goldschmidt, Hamburg; K.-H. u. R. Borwieck; R. Canal, Imst; R. Exner; Hr. Born, Buxtehude; D. Cross, Ettlingen; J. Keil, Ammersbek; B. Baehr, Amsterdam; C. Mahn, Weisdin; K. Moritz, Hamburg; Hr. Kaiser, Nationalparkamt Müritz; P. Harbarg, Neubrandenburg; M. Möller, Dömitz, R. Wachs; K. Heckeroth; J. Fox; T. Schorn, Stuttgart; R. Grohé; Dr. G. Grünanger, Heimbuchenthal; C. Block, Hamburg; R. Karger u. N. Adams, Gütersloh; H. u. F. Sporrer, Deggendorf; M. von Gagern; B. Kalwar, Buxtehude; M. Lippok, Hamburg; A. Sauerbrey, Frankfurt Main; C. Römmele u. G. Amend, Bruchsal-Heidelsheim; H. Köster, Hannover; K. Pegler, Berlin;

Ortsindex

Einträge in *grüner Schrift* beziehen sich aufs Übernachtungsverzeichnis.

A
Adendorf 18, *110*
Ahlbeck 102, *117*
Alt-Kaliß 32
Alt Meiershof 72
Alt Rehse *116*
Alt-Rehse 72
Anklam 93, *117*

B
Bad Stuer 48, *113*
Bansin 104, *118*
Barkow *113*
Barskamp *111*
Bellin *117*
Benzin 42
Bitter *112*
Blankensee 70, *116*
Bleckede 22, *111*
Bleckeder Moor *111*
Blumenholz 71
Blumenthal *116*
Bobzin *112*, *113*
Boek 57, *114*
Boeker Mühle 58, *114*
Bohnenburg *112*
Bollewick *113*
Boltersen 22
Bossin 100, *117*
Bresegard 32
Broda *116*
Brohm 80
Brohm-Cosa *116*
Bugewitz 92, *117*
Bütow 50

C
Canow 62, *115*
Carpin 70, *115*
Conow 32

D
Damnatz *112*
Darchau 25, *111*
Dargen 100, *117*
Darze 41
Diemitz *115*
Dömitz 30, *112*
Drosedow 62, *115*

E
Eichhorst 79
Eldenburg 54
Erbstorf 20

F
Federow *114*
Ferdinandshof 82, *116*
Fincken 50
Fleeth *115*
Friedrichshagen 82
Friedrichshof 80
Fürstensee 70

G
Galenbeck 80, *116*
Garwitz-Matzlow *112*
Garz 101
Gehren 80, *116*
Glaisin 33, *112*
Glienitz *111*
Göddingen *111*
Goldenbaum 70
Gotthun 52, *113*
Grambin 90, *117*
Granzow *114*
Groß Laasch 36
Groß Quassow 65, *115*
Groß Schmölen 32
Gülstorf *111*

H
Heringsdorf 103, *118*
Herrenhof 26
Herzwolde 70
Hitzacker 26
Hitzacker/Elbe *112*
Hornkaten 33

J
Johannesruh *115*

K
Kamerun *112*
Kamminke 86, *117*
Kamp 92
Karenz 32
Kargow *114*
Karlshagen *119*
Karnin 96
Katemin *111*
Klein Kühren *111*
Klein Laasch 36
Klein Quassow *115*
Klein Schmölen 31
Klein Trebbow *115*
Klink 53, *114*
Kogel *113*
Kölpinsee 105, *119*
Konau 24, *111*
Korswandt 102, *117*
Koserow 105, *119*
Kritzow 42

L
Laake 28, *112*
Laave *112*
Lancken 41
Leopoldshagen 92, *117*
Liberec *110*
Liepe *112*
Liepen 79
Lübz *113*
Ludwigslust 34, *112*
Lüneburg 14
Lutheran 41

M
Malchow 38
Malliß 32, *112*
Matzlow-Garwitz 38
Meiersberg 84
Minzow 50
Mirow 59, *114*
Möderitz 38
Mölschow 108
Mönchow 96, *117*
Mönkebude 90, *117*
Murchin *117*

N
Neetze 22, *111*
Nettelgrund *116*
Neu-Bleckede *111*
Neubrandenburg 74, 79, *116*
Neu-Canow 62
Neu-Darchau *111*
Neuensund 82, *116*
Neu Garge 24, *111*
Neu Göhren 32
Neuhaus 25, *111*
Neuhof 37
Neu Kaliß 32
Neu Kaliß-Heiddorf *112*
Neumühlener Weg *111*
Neusellenthin *119*
Neustadt-Glewe 36, *112*
Neustrelitz 66, *115*
Neu-Wustrow 72

P
Parchim 39, 41, *113*
Peetsch 61, *115*
Plau am See 42, *113*
Prälank *115*
Prillwitz 71, *116*

Q
Quetzin *113*

R
Raffatz *112*
Rassau 26
Rattey *116*
Rechlin 58, *114*
Relzow 95
Riederfelde *113*
Röbel 50, *113*
Rogeez 48
Rohrkrug 80, *116*
Rothemühl 82, *116*
Rühlow 79
Rullstorf 22, *111*
Rüterberg 29

S
Scharnebeck 20, *111*
Schlemmin 42
Schönbeck 80
Schwarz *115*
Schwarzenhof 57, *114*
Seelust 46
Seewalde 62
Sembzin 53, *114*
Siehdichum *116*
Sietow 52, *113*
Sprengersfelde 84
Stapel 26
Stiepelse 24
Stixe *111*, *112*
Stolpe 100, *117*
Strachau 28
Strelitz-Alt 69
Stuer 48
Suckow *117*

T
Techentin 33
Tießau *112*
Trassenheide 108, *119*

U
Ückeritz 105, *11*
Ueckermünde 86, *11*
Usedom 96, *11*
Userin *11*
Userine 64

V
Vietzen 59
Vockfey 26
Voigtsdorf 41

W
Wanzka 70
Waren 54, *114*
Warlin 79
Wehningen 29, *112*
Wesenberg 62, *115*
Wilhelmshof 96
Woldzegarten *113*
Wolgast 109, *119*
Wulkenzin *116*
Wustrow *115*

Z
Zecherin 96, *117*
Zempin 106, *119*
Zinnowitz 106, *119*
Zippelow 72
Zirchow 100
Zirzow *116*
Zislow *113*
Zwenzow 64